Harvard Business Essentials

L'ESSENTIEL pour négocier

Ouvrage traduit de l'américain par Anne Rémond

Les Echos ÉDITIONS

esf EDITEUR

Création maquette et mise en page : populardesign.fr

Division de la société Reed Business Information
SAS au capital de 4 099 168 €
Forum 52 – 52, rue Camille-Desmoulins, 92448 Issy-les-Moulineaux Cedex
Président : Antoine Duarte
Directeur de la publication : Antoine Duarte
Actionnaire principal : Reed Elsevier France

www.esf-editeur.fr
ISBN : 978-2-7101-2193-0

Collection « Harvard Business Essentials »

Harvard, université de référence mondiale en matière de business, **Les Échos**, premier quotidien leader de la presse économique française et **ESF éditeur**, spécialisé depuis 1928 dans la publication d'ouvrages destinés aux entreprises, s'associent pour mettre à la portée de tous l'essentiel des compétences et des savoirs qui font la réputation de ces trois acteurs de référence.

Facile d'accès et très opérationnelle, la collection « Harvard Business essentials » va droit au but et apporte à tous les managers et acteurs de l'entreprise une vision d'ensemble claire et directe sur toutes les thématiques essentielles du business.

À ce titre, chaque ouvrage vous donne accès à :

- une méthodologie éprouvée et validée par les experts de la Harvard Business School ;
- un guide opérationnel et pratique pour progresser au quotidien ;
- les conseils les plus judicieux pour renforcer vos savoir-faire ;
- un coaching personnel pour améliorer votre savoir-être ;
- des informations de fond pour développer vos compétences ;
- une synthèse des notions clés à retenir à la fin de chaque chapitre.

S'appuyant sur la richesse des publications de Harvard Business School Publishing, chaque ouvrage a été spécialement conçu pour offrir une ressource pratique aux cadres et aux managers. Chaque guide pratique est enrichi d'outils, de modèles, de grilles d'analyse. Des compléments web sont également mis à votre disposition et téléchargeables à l'adresse : www.elearning.hbsp.org/businesstools

Grâce à la collection « Harvard Business Essentials », vous aurez accès aux outils indispensables et aux bonnes pratiques pour faire du business efficacement.

Autre titre disponible dans la collection :
L'essentiel pour convaincre

Sommaire

Préface

L'actualité que nous traitons tous les jours dans les colonnes des Échos nous en fournit d'innombrables exemples : dans les affaires, dans le social et, bien sûr, en politique, tout passe à un moment ou l'autre par la négociation. C'est un peu la respiration de l'économie, l'oxygène de la démocratie. Chacun dans sa vie de tous les jours est appelé à négocier sans le savoir, et surtout sans en posséder le savoir-faire, un peu comme Monsieur Jourdain fait de la prose, avant de croire qu'il en fait de la bonne, double illusion. L'autre aspect de la négociation qui relie particulièrement ce thème à la vocation de notre journal, c'est qu'une de ses principales ressources est l'information. Comme le lecteur le découvrira dans cet ouvrage, les rapports de force entre les négociateurs évoluent en fonction de leur capacité à être correctement informé. On ne pouvait donc rêver meilleur sujet pour inaugurer une nouvelle collection porteuse de la marque Les Échos.

Cette nouvelle collection, nous nous permettons de le souligner ici sans fausse modestie, réunit des garanties de sérieux et de qualité qui sont sans beaucoup d'équivalents dans la littérature française sur le management. Elle n'usurpe pas son nom quand elle se baptise *L'essentiel pour*. Autour du berceau se sont associés trois partenaires qui sont chacun une référence dans leur activité. Harvard Business School, bien sûr, l'école de management la plus réputée au monde dont les publications constituent la vitrine de tout ce qui s'y enseigne de mieux et sur les champs de recherche académique les plus en pointe et les plus dynamiques. ESF éditeur, maison d'édition qui a vu le jour en 1928, dans le but de diffuser dans notre pays une culture de l'entreprise qui lui a fait si longtemps défaut. Aujourd'hui filiale du groupe Reed Elsevier, ESF éditeur occupe une place centrale dans le livre de management sous toutes ses formes. Il s'est toujours montré pionnier dans son approche de la formation des managers. Troisième partenaire, Les Échos et leurs 200 journalistes spécialisés s'adressent quotidiennement aux décideurs de la vie économique et de la vie des affaires qui en ont fait de longue date leur journal de référence et un précieux outil de travail. Ce partenariat éditorial constitue un prolongement naturel à ce dialogue, engagé il y a plus d'un siècle, entre notre journal et le monde de l'entreprise.

Le livre que vous allez découvrir offre une bonne illustration des buts recherchés par les concepteurs de la collection. D'abord, une présentation claire et un découpage

rigoureux rendent facile la consultation de cet *Essentiel pour négocie*r.
Concepts clés à connaître, éléments de préparation et de tactique, obstacles à contourner, contexte à appréhender, compétences à mobiliser : théorie et action ne sont jamais séparés, ce qui donne une grande efficacité à l'ensemble. Ensuite, les auteurs savent recourir, sans en abuser, à quelques notions de base aux appellations mnémotechniques qui ont la vertu de « parler » aux managers. Ainsi de la MESORE, le concept de Roger Fischer et William Ury, acronyme de « meilleure solution de repli », pour lequel Louis XI est cité en exemple, ou celui de ZAP, résumé évocateur pour « zone d'accord possible ». Un précieux glossaire donne à la fin de l'ouvrage la définition des outils de ce type évoqués au cours de la lecture, complété par une bibliographie commentée, ce qui lui donne une valeur ajoutée incomparable. Enfin, fidèle à sa vocation affirmée, la collection ramène le plus souvent possible à « l'essentiel ». Chaque fin de chapitre ramasse en quelques lignes les enseignements principaux des pages précédentes, eux-mêmes parsemés de courts rappels ou d'encadrés destinés à faire ressortir les points importants à retenir.
Il est temps de vous laisser découvrir vous-mêmes les qualités du livre que vous avez entre les mains, conçu à partir des travaux des meilleurs experts du Harvard Negociation Project. « Nous ne devons jamais négocier sous l'emprise de la peur, mais nous ne devons jamais avoir peur de négocier », disait John Fitzgerald Kennedy. Puisse cette lecture vous donner non seulement les moyens de le faire, mais plus encore l'envie d'y exceller.

Henri Gibier
Directeur de la rédaction
Les Échos

Introduction

La négociation permet aux individus de résoudre leurs différends. Qu'il s'agisse de l'achat d'une nouvelle voiture, d'un litige concernant un contrat de travail, des conditions d'une vente, d'une alliance complexe entre deux entreprises ou d'un accord de paix entre deux pays belligérants, on cherche en général à résoudre ces différends en négociant.

Négocier, c'est rechercher un accord mutuel par le dialogue. La négociation est omniprésente aussi bien dans notre vie professionnelle que personnelle. Quand un père évoque avec son fils un moyen d'améliorer ses notes en mathématiques, ils négocient. Il en est de même lorsqu'un mari et sa femme décident qui, pendant le week-end, s'occupera du jardin et qui fera les courses. Dans le monde du travail, les négociations sont encore plus omniprésentes. En effet, la racine latine du mot *(negotiari)* signifie « faire du commerce ». En espagnol moderne, *negocio* a le sens de « commerce ».

Négocier, c'est rechercher un accord mutuel par le dialogue

Une négociation professionnelle peut revêtir la forme d'une activité formelle qui a lieu autour de la fameuse table des négociations et au cours de laquelle sont discutés le prix et le cahier des charges ou les termes complexes d'un projet de partenariat. Mais cela peut aussi être moins formel ; c'est le cas, par exemple, d'une réunion entre vous et plusieurs collègues dont vous avez besoin pour le bon déroulement d'une mission. Si vous êtes directeur, manager ou cadre, vous passez sans doute une grande partie de votre journée à négocier avec des personnes internes ou externes à votre société – souvent sans même vous en rendre compte. Que vous concluiez une vente ou obteniez d'un N+1 qu'il accepte certains objectifs de performance, vous négociez.

Étant donné le rôle des négociations dans notre vie privée et professionnelle, il est crucial d'améliorer nos compétences en ce domaine. Même de légers progrès peuvent apporter d'importants résultats, tels qu'une plus grande augmentation de salaire, une meilleure transaction pour l'achat d'une maison ou des aménagements de poste plus favorables. Ce livre vous aidera à améliorer vos compétences et à faire de vous un négociateur plus performant.

En s'inspirant des meilleurs ouvrages existant dans le domaine, *L'Essentiel pour négocier* vous présente les concepts de base employés par les spécialistes de la négociation et de la résolution de problèmes. Il est riche en conseils pratiques et en exemples qui vous seront utiles aussi bien dans votre vie privée que dans votre carrière.

Présentation de l'ouvrage

Le chapitre 1 présente les principaux types de négociation : la négociation conflictuelle et la négociation coopérative. Pour la première, la valeur à la disposition des parties est par essence fixe et chaque partie cherche à s'approprier la plus grosse part du gâteau. Ainsi, les gains réalisés par une partie le sont au détriment de l'autre. On considère ce type de négociation comme un jeu à somme nulle. Pour la seconde, les parties font preuve de créativité et partagent des informations afin de créer une plus grande valeur lors de la répartition définitive.

Le chapitre 2 expose quatre concepts que tout négociateur doit comprendre et savoir utiliser : la meilleure solution de repli (MESORE), le prix de réserve (c'est-à-dire le prix minimum que vous prévoyez d'accepter), la zone d'accord possible (ZAP) au sein de laquelle une transaction est réalisable et la création de valeur. Chacun de ces concepts est expliqué et illustré par des exemples.

Le chapitre 3 concerne la préparation. Vous ne devriez jamais vous engager dans une négociation sans vous être préparé ; informez-vous autant que possible sur vos intérêts, votre position ainsi que sur ceux de votre adversaire. Pour vous mettre efficacement en condition, vous pouvez suivre les étapes proposées dans ce chapitre. Une fois que vous aurez appris les bases et connaîtrez les étapes nécessaires à la préparation, vous serez prêt pour aborder **le chapitre 4 : « Les tactiques de négociation ».** Ce chapitre vous décrit comment amener l'autre partie à la table des négociations, comment bien commencer les discussions et quelle stratégie adopter, quel que soit le type de négociation. Vous apprendrez des techniques, telles que l'ancrage et le cadrage, et à faire basculer les débats en votre faveur. **Le chapitre 5 poursuit sur ce thème en répondant à des questions fréquemment posées au sujet des tactiques de négociation.**

Toutes les négociations ne se passent pas sans heurt – y compris celles où les différentes parties s'entendent bien. Certaines difficultés (des obstacles structurels, un manque de confiance, une mauvaise communication) peuvent entraver le bon déroulement d'une transaction. **Le chapitre 6 identifie ces obstacles et vous indique comment les éviter.**

Quant au chapitre 7, il aborde les erreurs psychologiques commises parfois par les négociateurs à la table des négociations : par exemple, faire preuve d'une trop grande confiance en soi, avoir des attentes irraisonnables, ou surenchérir par orgueil uniquement pour l'emporter. Ce chapitre vous donne des pistes pour ne pas tomber dans ces travers.

Le thème central du chapitre 8 est le relationnel. Dans une transaction unique, les relations futures avec la partie adverse n'importent pas. L'objectif est de revendiquer autant de valeur que possible. L'achat d'un tapis auprès d'un vendeur ambulant en est l'exemple type. Mais nombre d'accords d'ordre personnel et professionnel impliquent des transactions multiples au fil du temps, entre des parties désireuses d'entretenir une relation productive. Des valeurs tangibles mais aussi des aspects relationnels entrent alors en jeu. Le chapitre 8 vous explique comment manœuvrer sur ce terrain difficile et comment distinguer les composantes transactionnelles des composantes relationnelles.

Le chapitre 9 aborde le sujet des négociations au nom d'autrui. Très souvent, les négociateurs sont des représentants indépendants ou salariés des parties : un avocat représentant une personne portant plainte pour préjudice corporel, un directeur des achats représentant son entreprise dans un accord avec un fournisseur, un délégué syndical représentant un groupe de salariés dans un litige avec un employeur... Comme ce chapitre le met en évidence, user d'un intermédiaire lors de négociations se justifie souvent par de très bonnes raisons, mais cela provoque en général des conflits entre le mandant et le mandataire. Ce chapitre étudie ces conflits et les solutions pour les éviter ou les minimiser.

De toute évidence, il est essentiel de développer ses compétences en négociation à titre individuel. Mais qu'en est-il des entreprises ? **Le chapitre 10 suggère de développer des compétences en négociation à l'échelle de l'entreprise.** Imaginez ce que pourrait accomplir votre société si ses directeurs, managers et cadres commerciaux devenaient peu à peu de meilleurs négociateurs. Ce chapitre met en relation deux concepts importants – l'amélioration continue et le cœur de compétence – afin d'expliquer comment l'acquisition et la réutilisation de connaissances peuvent être mises à profit dans le cadre du développement de compétences en négociation.

Ce livre propose par ailleurs plusieurs compléments. Premièrement, vous trouverez **une annexe avec des fiches pratiques.** Des versions interactives et gratuites de ces fiches, mais aussi d'autres outils proposés dans cet ouvrage ainsi que dans d'autres titres de la collection sont disponibles en anglais, sur le site officiel de Harvard Business Essentials et peuvent être téléchargés :

www.elearning.hbsp.org/businesstools.

Le deuxième complément est un glossaire. Chaque discipline a son jargon et la négociation ne fait pas exception à la règle. Quand un mot est suivi d'un astérisque, cela indique que sa définition se trouve dans le glossaire.

Enfin, la bibliographie répertorie les livres et articles qui approfondissent les thèmes abordés dans cet ouvrage. Si vous voulez en savoir davantage, ces publications devraient vous être utiles.

1

Les différents types de négociation

De nombreuses voies pour trouver un accord

Les notions clés au programme de ce chapitre :

- **La négociation conflictuelle : s'approprier la valeur.**
- **La négociation coopérative : créer et se partager la valeur.**
- **Le dilemme du négociateur : savoir quelle stratégie adopter.**
- **Les négociations en plusieurs étapes et multipartites.**

Il existe deux grands types de négociation, que vous avez sans doute déjà rencontrés :

> **Conflictuelle** : les parties se disputent la répartition d'une quantité de valeur. La question clé dans ce contexte est : « Qui revendiquera le plus de valeur ? » Dans ce type de négociation, un gain réalisé par une partie se fait au détriment de l'autre.

> **Coopérative** : les parties coopèrent pour obtenir un maximum de profit en recherchant un accord satisfaisant les intérêts* de chacun. Il s'agit, dans ces transactions, de créer de la valeur et de la partager.

Peu de négociations sont strictement conflictuelles. Même s'il est fréquent qu'il y ait une concurrence directe entre les intérêts et les objectifs des parties, il existe en général des solutions pour prendre en compte leurs intérêts et préférences. Mais dans un souci de clarté, ce chapitre étudie chaque type de négociation séparément. Par ailleurs, deux autres réalités, qui seront abordées en fin de chapitre, viennent compliquer les négociations : elles se déroulent souvent en plusieurs étapes et peuvent impliquer plusieurs parties.

La négociation conflictuelle

L'enjeu dans une négociation conflictuelle* est de s'approprier le plus de valeur. On fait parfois référence à ce type de négociation comme la négociation à somme nulle* ou à somme constante. L'expression « perdant gagnant* » est sans doute plus évocatrice. Voici des exemples de négociations conflictuelles :

> la vente d'un tapis, où l'acheteur et le vendeur ne se connaissent pas. Tout ce qui importe est le prix que chaque protagoniste marchande, pour obtenir l'accord qui lui est le plus favorable. Chaque gain par l'une des parties constitue une perte pour l'autre ;

> les négociations portant sur les augmentations générales de salaire entre un chef d'entreprise et les syndicats. Le chef d'entreprise sait que toute revalorisation des salaires représentera une charge financière supplémentaire pour lui. De son côté, si le syndicat n'obtient pas cette réévaluation des salaires, cela sera vécu comme un échec.

Dans une négociation purement conflictuelle, la valeur en jeu est fixe et l'objectif de chaque partie est d'en obtenir le plus possible. Songez à l'exemple de deux personnes négociant les parts d'une tarte aux pommes sortant tout juste du four. Chacune cherche à obtenir la plus grosse part possible, sachant que toute concession faite à l'autre réduira proportionnellement sa part. Voici un autre exemple, typique du monde du travail :

L'entreprise Assemblage et un fournisseur, Super Pièces, négocient un accord d'après lequel Super Pièces fabriquera et livrera 10 000 pièces sur une période de six mois. La directrice des achats d'Assemblage, ayant reçu comme instruction d'obtenir le prix le moins élevé possible, essaie d'imposer un prix de 1,75 € par pièce. Le responsable commercial de Super Pièces, quant à lui, essaie de maximiser le prix versé à son employeur ; il demande donc 2 € par pièce. Aucun des deux n'est prêt à faire des concessions sur le prix.
Au final, c'est Assemblage qui gagne. Ayant la possibilité de se tourner vers plusieurs vendeurs potentiels, la directrice des achats tient bon jusqu'à ce que son interlocuteur, à qui les débouchés font défaut, cède et accepte le prix de 1,75 €.

L'enjeu dans une négociation conflictuelle est de s'approprier le plus de valeur

L'objectif du vendeur dans une transaction conflictuelle est de négocier le prix le plus élevé possible, tandis que celui de l'acheteur est de négocier un prix aussi bas que possible. Un euro de plus pour l'un est un euro de moins pour l'autre. Ainsi, le vendeur et l'acheteur argumentent pour obtenir chacun la plus grande valeur possible. C'est un vrai bras de fer. Chaque négociateur cherche à ramener l'accord final le plus près possible du prix qu'il souhaite (voire au-delà). Les relations et la réputation importent peu dans cet affrontement : les négociateurs ne sont pas disposés à céder au nom d'une quelconque relation avec l'autre partie. Par exemple, une femme qui vient d'être mutée souhaite acheter une maison. Établir une relation durable avec le propriétaire de cette maison n'est pas un critère qu'elle prend en compte lorsqu'elle négocie le prix de vente. Il est fort possible que le propriétaire soit un parfait inconnu pour elle – et qu'il le restera après la transaction.

L'information joue un rôle déterminant dans ce type de négociation. Moins la partie adverse en sait sur vos faiblesses et vos préférences, plus elle en sait sur votre pouvoir de négociation et plus votre position sera confortable. Par exemple, il ne serait pas judicieux que le responsable commercial de Super Pièces informe l'autre partie qu'il a peu d'acheteurs pour les produits de son entreprise, ou qu'il vend actuellement les mêmes produits à un autre client pour moins de 2 € pièce. Inversement, l'acheteuse d'Assemblage s'empressera d'apprendre à son interlocuteur que d'autres fabricants de pièces détachées frappent à sa porte, tous désireux d'obtenir le marché.

L'information joue un rôle déterminant dans la négociation conflictuelle

Afin de sortir vainqueur d'une négociation conflictuelle, souvenez-vous de ceci :

> **La première offre constitue un fort point d'ancrage psychologique**, qui définit la marge de négociation. Les études montrent que l'issue d'une négociation est souvent liée à la première offre. Donc veillez à commencer la négociation au bon endroit.

> **Ne révélez aucune information importante sur votre situation** (y compris pourquoi vous voulez conclure un marché, vos réels intérêts ou contraintes économiques, vos préférences parmi les solutions possibles, ou le seuil auquel vous quitterez les négociations). Cependant, il est avantageux d'informer la partie adverse que vous avez de bonnes solutions de repli si cette transaction échoue.

> **Les informations concernant l'autre partie peuvent présenter un avantage**. Renseignez-vous autant que faire se peut sur la situation et les préférences de votre adversaire (y compris pourquoi il veut conclure un marché, ses réels intérêts et contraintes économiques, ainsi que ses préférences parmi les solutions possibles).

> **Appuyez-vous sur ces informations pour définir votre première offre** ou requête .

> **N'allez pas trop loin**. Si vous réclamez de manière agressive ou vorace, il se peut que votre interlocuteur se retire des négociations. Vous aurez alors perdu l'occasion de conclure un marché.

La négociation coopérative

Dans une négociation coopérative*, les parties coopèrent pour obtenir le maximum de profit en trouvant un accord qui satisfait les intérêts de chacun, tout en cherchant à se répartir la valeur. Vous devez ainsi savoir créer de la valeur et la partager.
Voici un exemple typique de négociation coopérative dans un contexte professionnel :

> *Gomez Électronique et l'un de ses principaux fournisseurs, Kraft Composants, négocient un accord selon lequel Kraft produira et livrera 10 000 interrupteurs sur une période de six mois. Gomez cherche à obtenir le prix le plus bas possible, mais aussi à entretenir une relation durable avec Kraft, qui est depuis des années un fournisseur innovant et fiable. Le responsable commercial de Kraft aimerait maximiser le prix prévu par le contrat pour son entreprise, sans négliger l'aspect relationnel. Il détesterait perdre ce client de longue date.*
> *Puisque ces deux parties sont partenaires depuis longtemps, chacune est disposée à révéler quelques-uns de ses intérêts à l'autre. De cette manière, si une partie doit céder du terrain sur le prix, l'autre pourra proposer une contrepartie sur un autre point.*
> *Ensemble, les deux négociateurs trouvent un accord qui donne à Kraft ce qu'il souhaite : 2 € par interrupteur. En retour, Kraft accepte d'accorder à Gomez Électronique soixante jours pour payer, au lieu des trente jours habituels. Ce délai d'un mois permet à Gomez de réduire son besoin en fonds de roulement pendant la durée de l'accord. De plus, les deux entreprises décident de collaborer ensemble sur la conception d'une nouvelle série d'interrupteurs pour un produit de Gomez actuellement à l'étude.*

Des négociations de ce genre entre fabricants et fournisseurs sont de plus en plus courantes, du fait que les grandes entreprises changent de stratégie : elles cessent de mettre la pression sur les fournisseurs (et de traiter avec beaucoup d'entre eux pour des transactions de courte durée), afin de développer des relations durables avec seulement une poignée d'entre eux. Dans la majorité des cas, les fournisseurs et les fabricants de pièces détachées travaillent de concert dans les domaines du contrôle qualité et du développement de produits. Le recours de plus en plus fréquent aux joint-ventures et aux sous-traitants a également incité les entreprises à davantage réfléchir aux relations et moins à remporter ce qui apparaît souvent comme un jeu à somme nulle.

Dans une négociation coopérative, la tâche du négociateur est double : premièrement, créer autant de valeur que possible pour lui et son interlocuteur ; deuxièmement, s'approprier la valeur. Nombreux sont ceux qui utilisent l'expression « gagnant gagnant* » pour faire référence à ce type d'accord. Malheureusement, cette expression implique que toutes les parties obtiennent ce qu'elles désirent, ce qui est rarement le cas. Plus probablement, chacune fait des compromis* pour obtenir ce qui lui importe le plus, en concédant à l'autre des éléments moins essentiels. Ainsi, si nous reprenons l'exemple précédent, Kraft a obtenu le prix à l'unité qu'il voulait, mais a cédé du terrain à Gomez Électronique sur les conditions de paiement.

Parfois, les intérêts des deux parties n'entrent pas du tout en concurrence. Dans ce cas, l'objectif est de parvenir à un accord qui prend en compte leurs intérêts autant que possible.

Accepter de céder plus de ce qui importe à l'autre partie ne signifie pas nécessairement que l'on obtienne moins de ce qui nous importe. Ainsi, la capacité d'un négociateur à réclamer ou à obtenir ce qu'il veut ou ce dont il a besoin dans l'accord ne nuit pas nécessairement à la capacité de l'autre à réclamer ou à obtenir tout autant.

Plusieurs aspects ou enjeux doivent souvent être pris en compte dans une négociation coopérative (cela ne se limite pas au prix, à la date de livraison ou à tout autre problème unique). En réalité, les occasions de se montrer créatif sont nombreuses.

Le spécialiste de la négociation Mark Gordon, qui qualifie ce type de négociation de « collaborative », affirme que les parties devraient rechercher des solutions créatives et ne pas se focaliser sur les concessions possibles. « Vous devez être convaincu que c'est dans votre intérêt de chercher des solutions avantageuses pour l'autre négociateur. Votre objectif n'est pas de le blesser, mais de l'aider à peu de frais – et qu'ainsi, il vous aide à peu de frais. Plus vous serez créatifs pour trouver ce qui sera bénéfique pour vous deux, plus vous serez tous les deux satisfaits[1]. » Cette créativité n'est possible que si les parties comprennent leurs intérêts clés et ceux de leurs interlocuteurs.

Les parties devraient rechercher des solutions créatives

1 « Win-Win with Mark Gordon », *Harvard Management Communication Letter*, mars 1999, p. 1-3.

Est-ce réellement une situation gagnant gagnant ?

La plupart des livres et des formations sur la négociation emploient l'expression « gagnant gagnant » pour décrire les transactions coopératives. En réalité, cette expression comme le concept sont tellement usités qu'ils sont devenus des lieux communs : « Nous souhaitons trouver un accord gagnant gagnant avec nos clients », « Dans notre entreprise, la direction et les salariés ont en commun une attitude gagnant gagnant »...

Tout cela semble très noble. « Gagnant gagnant » est en harmonie avec notre croyance culturelle selon laquelle les relations devraient être mutuellement avantageuses et non suivre une logique d'exploitation, de disparité ou de coercition.

Mais cette expression ne plaît pas à tous. Jim Camp, auteur et consultant spécialisé dans la négociation, la critique ouvertement. D'après lui, « gagnant gagnant » est un jeu de dupes et, plus probablement, un jeu où l'ignorant perd :

> *Les négociateurs habiles savent qu'un interlocuteur qui se montre gagnant gagnant est une proie facile. Ces négociateurs enjôleurs ne font pas de compromis, mais exigent que vous en fassiez. (Dans le cas d'un service des achats d'une entreprise, je soupçonne que leur compromis est de se fournir auprès de vous et non d'un autre.) Et ils affichent un sourire pendant toute la durée des négociations*[2].

Dans ce sens, « gagnant gagnant » correspond à la vieille méthode soviétique pour « obtenir un oui » lors des négociations avec l'Occident pendant la guerre froide : « Ce qui est à nous est à nous ; ce qui est à vous est négociable. »

Comme Gordon l'explique, « les textes classiques décrivent des positions de départ extrêmes, qui obligent l'autre partie à faire une concession en premier. Cela permet de proposer de couper la poire en deux seulement après que les deux parties ont fait plusieurs propositions et contrepropositions ». Du point de vue de Gordon, les concessions ne sont pas nécessaires. « Au lieu de cela, recherchez des solutions créatives... S'il y a diverses issues acceptables possibles, alors plusieurs d'entre elles satisferont davantage les deux parties que le minimum acceptable[3]. »

2 CAMP Jim, *Start with No*, New York, Crown, 2002, p. 4-6.
3 *Ibid.*

Un premier aperçu du dilemme du négociateur

Peu de négociations sont strictement conflictuelles ou coopératives. La majorité sont généralement coopératives, avec à la fois des risques de tensions et des opportunités de collaboration. En effet, les négociations sont davantage un mélange des deux types, comme si elles se déroulaient quelque part entre ces deux extrêmes. Savoir où se positionner provoque une tension connue sous le nom de « dilemme du négociateur* ». « Devrais-je me battre pour obtenir une part aussi grosse que possible de ce gâteau, s'interroge un négociateur, au risque que l'autre partie revendique également cette valeur ? Ou devrais-je collaborer dans l'espoir de bien faire ? » Ces questions impliquent des choix stratégiques difficiles, d'où la nécessité de trouver un équilibre entre une stratégie* concurrentielle et une stratégie coopérative. Le dilemme entre se battre pour défendre chacun ses intérêts et entrer en conflit (s'approprier plus plutôt que moins) ou créer de la valeur en échangeant des informations, ce qui permet de trouver des solutions mutuellement avantageuses, est au cœur de l'art de la négociation.

Nous étudierons plus en détail ce dilemme au chapitre 6.

Chaque partie peut légitimement revendiquer la satisfaction de ses intérêts

Le livre de référence *Comment réussir une négociation* de Fisher, Ury et Patton soutient ce point de vue. Suite à sa publication, les négociateurs ont cessé de chercher à établir une situation « Je gagne, vous perdez » au profit de négociations coopératives, où chaque partie peut légitimement revendiquer la satisfaction de ses intérêts. Certains ont mal interprété leurs propos, affirmant que l'on peut tous obtenir tout ce que l'on désire (gagnant gagnant). Fisher, Ury et Patton proposent des méthodes à la fois pour la création de valeur (se focaliser sur les intérêts et non sur les positions* ; distinguer les individus des problèmes) et pour l'appropriation « raisonnée » de valeur (identifier des critères objectifs). De même, d'autres auteurs, notamment David Lax et James Sebenius dans *Les Gestionnaires et la Négociation*, conseillent de rechercher à agrandir le gâteau à travers des accords (création de valeur), tout en visant à obtenir une part raisonnable du « gâteau agrandi » (partage de la valeur).

Concevoir des solutions pour un gain mutuel requiert naturellement de partager les informations. Contrairement à une situation conflictuelle, où on ne dévoile pas ses cartes, il est recommandé dans une négociation coopérative de :

- fournir des informations pertinentes sur sa situation ;
- expliquer pourquoi on souhaite conclure un marché ;

> parler de ses réels intérêts ou de ses contraintes économiques ;
> révéler et expliquer en des termes généraux ses préférences parmi les solutions possibles ;
> envisager et évoquer toute possibilité ou ressource supplémentaire à sa disposition, qui pourrait satisfaire les intérêts de l'autre partie et qui pourrait être inclue dans l'accord ;
> utiliser ces informations pour trouver des solutions créatives qui respecteront les intérêts des deux parties autant que possible.

Les négociations à phases multiples et multipartites

Quand on dit « négociation », la plupart des gens visualisent une personne ou un groupe de personnes assises en face à face autour d'une table[4]. Au final, les parties aplanissent leurs divergences ou se retirent. Cette vision des choses est souvent juste. C'est ainsi que les managers et leurs N – 1 décident des questions de productivité et de rémunération, que l'on négocie l'achat d'une nouvelle voiture, etc. Il s'agit de face-à-face au cours desquels on traite un sujet en particulier et qui ont souvent lieu qu'une seule fois.
En réalité, de nombreuses négociations ne sont pas si simples. Plus de deux parties y participent et, parfois, elles se déroulent par phases, chacune consacrée à l'un des multiples enjeux. Même si ces situations plus complexes dépassent le sujet de ce livre, vous devez savoir qu'elles existent. Elles constituent chacune un « type » de négociation.

Les négociations à phases multiples

Les négociations à phases multiples* et la perspective de transactions futures offrent d'importants avantages aux parties qui se font confiance et qui aimeraient encourager un comportement coopératif. Dans cette situation, les premières phases permettent aux parties d'établir la confiance en respectant les termes de leurs accords. En cas de non-respect de ces termes par l'un, l'autre partie est mise en garde : elle doit se montrer prudente et prendre des mesures de mise en application des accords. Ces premières phases permettent également aux négociateurs de se familiariser avec le style de communication et de négociation de la partie adverse. Cela rend souvent les phases suivantes plus productives.

4 Cette section est adaptée du module sur la négociation de Harvard ManageMentor, un service en ligne de Harvard Business School Publishing.

Les négociations multipartites

En général, dans les négociations, plus de deux parties et, sans aucun doute, plus de deux personnes sont impliquées. Ces négociations multipartites* peuvent être très différentes des négociations bipartites à un égard : des coalitions peuvent se former. Celles-ci permettent à des parties plus faibles de réunir la force nécessaire pour faire accepter les propositions qu'elles préfèrent, ou du moins pour bloquer celles qu'elles estiment inacceptables.

Il existe au moins deux types de coalitions : les « coalitions naturelles* », où les alliés ont en commun un grand nombre d'intérêts, et les « coalitions opportunistes* », où les parties qui ne s'entendent pas sur d'autres sujets s'unissent pour soutenir ou contrecarrer une question en particulier (souvent pour des raisons différentes).

Le défi d'une négociation multipartite est de gérer les coalitions, de les défaire ou de les soutenir, selon vos intérêts. À l'instar d'une négociation bipartite, vous devez comprendre les objectifs, les intérêts et les relations des différentes parties et agir en fonction.

Une coalition naturelle est difficile à briser. Par exemple, un organisme s'occupant de l'environnement et une association de protection de la nature ont des objectifs communs et agiront souvent de concert pour bloquer des projets immobiliers, même sans accord explicite.

En revanche, une coalition opportuniste entre des parties par ailleurs en désaccord est généralement plus fragile. Par exemple, un syndicat et une association de protection de la nature pourraient former une coalition pour empêcher un promoteur immobilier anti-syndicat de construire un centre commercial dans une zone boisée. Chacun a des raisons très différentes de rejoindre la coalition, ce qui peut permettre à l'autre partie de semer la discorde entre eux. Par exemple, si le propriétaire du terrain trouve un autre promoteur qui a collaboré par le passé avec des syndicats, le syndicat est susceptible de ne plus marquer d'opposition, laissant les écologistes seuls dans leur combat. Ou, si le promoteur accepte de situer le projet ailleurs, l'association de défense de la nature risque de se retirer, laissant le syndicat seul opposant.

Le défi d'une négociation multipartite est de gérer les coalitions

L'ESSENTIEL

Ce chapitre vous a présenté les types de négociations que vous pouvez rencontrer et les enjeux qui y sont attachés.

★ Une négociation conflictuelle oppose au moins deux parties pour une certaine valeur. L'objectif de chaque partie est donc de s'approprier autant de valeur que possible (par exemple, la vente d'un tapis sur un marché). Les parties sont privées de la valeur gagnée par l'une.

★ La négociation coopérative est une affaire à la fois de création et de répartition de valeur. Grâce à la collaboration et à la mise en commun d'informations, les parties recherchent des solutions pour satisfaire leurs objectifs clés, admettant de fait qu'elles devront sans doute faire des concessions sur d'autres objectifs.

★ Le dilemme du négociateur correspond à la situation vécue par tous ceux qui négocient. Ils doivent déterminer quel jeu jouer : s'approprier de manière agressive la valeur mise sur la table (et peut-être finir perdant) ou collaborer avec l'autre partie pour créer des solutions davantage favorables à chacun

★ Quel que soit le type de négociation auquel vous êtes confronté, le processus sera sûrement plus compliqué s'il se déroule en plusieurs phases ou s'il concerne plusieurs parties. Dans le cas des phases multiples, servez-vous des premières phases pour établir la confiance et apprendre à connaître les autres parties. Dans le cas d'une négociation multipartite, songez aux avantages qu'il y aurait de former une coalition afin d'améliorer votre pouvoir de négociation.

2

Quatre concepts clés

Vos points de départ

Les notions clés au programme de ce chapitre :

- **La MESORE (meilleure solution de repli).**
- **Le prix de réserve.**
- **La ZAP (zone d'accord possible).**
- **La création de valeur.**

En général, quand on n'a pas le pouvoir de forcer un résultat, on négocie si on estime que c'est plus avantageux. Une solution négociée n'est profitable qu'à certaines conditions, c'est-à-dire lorsqu'aucune autre solution plus favorable n'est envisageable. Prenez cet exemple :

> *L'un de vos meilleurs collaborateurs, Charles, est courtisé par une autre entreprise. Le remplacer vous coûtera cher, mais peut-être pas autant que de négocier quelques primes et aménagements de poste qui le persuaderont de rester et le motiveront. Vous calculez mentalement le coût de ces primes et vous vous dites que cela est moins pénible que votre seule alternative : perdre un collaborateur clé.*

Pour réussir une négociation, il est nécessaire de s'appuyer sur une trame composée des éléments suivants :

- la solution de repli ;
- le seuil minimum à ne pas franchir ;
- le degré de souplesse qu'on est prêt à adopter et les compromis qu'on est disposé à faire.

Trois concepts sont particulièrement importants pour établir cette trame : la MESORE (meilleure solution de repli), le prix de réserve et la ZAP (zone d'accord possible). Ce chapitre développe ces trois concepts et les illustre par des exemples de négociations conflictuelles. Puis, cette trame sera élargie pour inclure un quatrième concept : la création de valeur ; des négociations coopératives serviront alors d'exemples. Ceux-ci permettront également de montrer comment s'appliquent les concepts de prix de réserve et de ZAP dans une négociation coopérative.

Quelle est votre MESORE ?

La MESORE*, concept inventé par Roger Fisher et William Ury, est l'acronyme de « meilleure solution de repli ». C'est la solution de repli à privilégier en l'absence d'accord conclu. Connaître sa MESORE, c'est savoir ce que vous ferez ou ce qui arrivera si vous ne parvenez pas à un accord. Voici un exemple :

> *Une consultante négocie avec un client potentiel une mission d'un mois. Ce n'est pas évident pour elle de savoir quels honoraires elle pourra négocier, ni même si elle parviendra à un accord. Ainsi, avant de rencontrer ce client, elle réfléchit à sa meilleure solution de repli. En l'occurrence, sa MESORE est de passer ce mois à conduire des études marketing pour d'autres clients (ce qu'elle estime pouvoir facturer à 15 000 €).*

Connaître sa MESORE, c'est savoir ce que vous ferez ou ce qui arrivera si vous ne parvenez pas à un accord

Il est indispensable de toujours connaître votre MESORE avant de débuter la négociation. Autrement, vous ne pourrez pas savoir quand l'accord est acceptable, ni quand vous retirer. Débuter des négociations sans connaître votre MESORE, c'est vous mettre en mauvaise posture. Cela peut aussi vous conduire à rejeter une offre alors qu'elle est plus intéressante que votre solution de repli. Par exemple, Frédéric a poursuivi en dommages et intérêts son ancien employeur. Ce dernier lui a proposé un règlement à l'amiable de 80 000 €. Mais Frédéric est optimiste et souhaite obtenir davantage : « Je sais que j'ai raison et que je peux obtenir ce que je veux si je préfère le tribunal à cet arrangement. » Aller au tribunal est sa meilleure solution de repli à l'offre de 80 000 €. Mais est-elle judicieuse ? Frédéric n'a pas sérieusement examiné ses chances de gagner au tribunal, ni évalué la somme des dommages et intérêts qu'il pourrait éventuellement percevoir. Autrement dit, il n'a aucune idée de sa solution de rechange par rapport à l'offre de règlement à l'amiable proposée par son employeur.

Sans MESORE, vous risquez également d'accepter une offre moins favorable à ce qui aurait pu être obtenu ailleurs sans accord (« J'ai sans doute d'autres options, mais cet accord me semble intéressant »).

Un roi qui connaissait sa MESORE

Bien avant que l'acronyme MESORE soit inventé, des négociateurs ingénieux avaient à l'esprit leur meilleure solution de repli alors qu'ils traitaient avec leurs adversaires. Songez à Louis XI, l'un des monarques les plus astucieux de l'Europe du XVe siècle. Quand Édouard IV d'Angleterre a envoyé son armée envahir le territoire de son rival le plus faible, le roi de France, celui-ci a décidé de négocier. Sachant que sa MESORE était une guerre longue et coûteuse, Louis XI a calculé qu'il était plus prudent et moins onéreux de conclure un accord avec Édouard IV. Ainsi, il a signé en 1475 un traité de paix avec le roi anglais, payant immédiatement 75 000 couronnes et une rente annuelle de 50 000 couronnes jusqu'à la mort d'Édouard IV (qui s'est avérée proche). Pour sceller l'accord, Louis XI a offert à son homologue anglais et à l'armée anglaise deux jours de festin et de festivités. Autre geste, il a désigné le cardinal de Bourbon pour être le compagnon d'Édouard et pour l'absoudre de ses péchés au fur et à mesure qu'il les commettait.

Alors qu'Édouard IV et son armée retournaient, titubants, à leurs bateaux, ce qui mettait fin à la guerre de Cent Ans, Louis XI a fait cette remarque : « J'ai plus aisément chassé les Anglais hors du royaume que ne l'a fait mon père ; car mon père les a mis hors à la force d'armes, et je les ai chassés à force de pâtés de venaison et de bon vin. » Tel est le pouvoir de la négociation quand on connaît sa MESORE[1].

Des MESORE solides ou fragiles

Votre meilleure solution de repli détermine à quel moment vous pouvez refuser une proposition non favorable. Plus votre MESORE est solide, plus vous pouvez négocier des clauses avantageuses, en sachant que vous avez une meilleure option sur laquelle vous rabattre si un accord ne peut être trouvé. En revanche, une MESORE fragile vous place dans une position de négociation précaire. Reprenons l'exemple précédent de notre consultante et considérons cette fois qu'elle n'a pas d'autre mission à son carnet de commandes. Ainsi, sa meilleure solution de repli pourrait être d'attendre que le téléphone sonne – ce qui est une posture difficile pendant des négociations.

Quand un négociateur a une faible MESORE (ou n'a pas pris le temps de la définir), il lui est difficile de refuser une proposition – même modeste. De plus, si une partie sait que la MESORE de son interlocuteur est fragile, celui-ci a alors très peu de pouvoir de négociation. Mais cela n'empêche pas certaines personnes de négocier durement. Par exemple, fin 2001, des chômeurs syndiqués ont menacé de se mettre en grève si le gouvernement français ne satisfaisait pas leur demande d'augmentation des allocations chômage ! Il va sans dire qu'ils avaient peu de pouvoir de négociation.

Plus votre MESORE est solide, plus vous pouvez négocier des clauses avantageuses

1 LUECKE Richard, *Scuttle Your Ships Before Advancing*, New York, Oxford University Press, 1993, p. 49.

Prenez une minute pour réfléchir à votre meilleure solution de repli, quoi que vous négociez. En avez-vous une ? Est-elle solide ou fragile ? Pouvez-vous la quantifier ?

Renforcez votre position

Une MESORE fragile n'est pas la fin du monde. Quelles que soient les cartes que vous avez en main, voici trois méthodes possibles pour renforcer votre position :

- améliorer votre MESORE ;
- identifier la MESORE de l'autre partie ;
- affaiblir sa MESORE.

Nous étudierons chacune de ces options dans les sections suivantes.

Améliorez votre MESORE

La MESORE semble être une évidence. Si les négociations avec le nouveau client échouent, notre consultante a une autre mission de 15 000 € vers laquelle se tourner. Mais elle pourrait rendre cette autre mission plus importante, améliorant de ce fait sa MESORE et renforçant ainsi sa position dans les négociations.

Tout ce que vous pouvez faire pour améliorer votre MESORE renforce votre pouvoir de négociation

Par exemple, elle pourrait appeler son client actuel et lui dire : « Vous savez, ces études marketing que vous m'avez demandées. Pour un prix un peu plus élevé – disons 5 000 € de plus –, je pourrais élargir la portée de ces études en incluant des estimations des ventes des produits de vos deux principaux concurrents. Souhaiteriez-vous que je le fasse ? » Si elle obtenait le feu vert, sa nouvelle MESORE serait plus élevée (20 000 €).

Tout ce que vous pouvez faire pour améliorer votre MESORE renforce votre pouvoir de négociation. Prenez un instant pour vous demander comment vous pourriez le faire, étant donné votre situation actuelle.

Si vous avez une MESORE solide – et si vous êtes certain qu'elle l'est beaucoup plus que tout ce que l'autre partie pourra trouver –, ne vous en cachez pas. Informez discrètement l'autre partie que vous êtes en position de force pour négocier.

Identifiez la MESORE de l'autre partie

Connaître la MESORE de l'autre partie vous place également en position de force dans les négociations. Sa solution de rechange est-elle solide ou fragile par rapport à la vôtre ? Bien estimer sa MESORE peut vous être d'une grande aide. Ainsi, si nous reprenons l'exemple précédent, notre consultante serait en meilleure posture pour négocier si elle savait qu'une autre entreprise avait proposé à son client potentiel la même mission pour 25 000 €. Ce prix serait donc la MESORE du client ; la connaître permettrait à notre consultante d'être plus efficace à la table des négociations. Mieux encore, une petite enquête pourrait révéler que les entreprises de consulting concurrentes ont un carnet de commandes bien rempli pour les quatre prochains mois. Si la mission devait être réalisée rapidement, le client potentiel aurait une MESORE très faible et notre consultante pourrait poursuivre les négociations avec beaucoup plus d'assurance : « Mon prix est de 30 000 € et je peux commencer cette mission dès ce mois-ci. »

Ainsi, quand cela est possible, connaître la MESORE de l'autre partie est extrêmement utile. Mais comment pouvez-vous obtenir cette information ? Ce n'est pas votre adversaire qui vous la donnera, à moins que sa MESORE ne soit très forte. Il peut même bluffer.

Parfois, cependant, vous pouvez découvrir la position de la partie adverse. Vous pouvez par exemple poser des questions pendant la négociation, ou vous renseigner au préalable :

> contactez des connaissances au sein du secteur d'activité en question ;
> consultez des publications professionnelles potentiellement pertinentes
> lisez des rapports annuels (ou des documents publics) ;
> posez des questions de manière informelle au négociateur ou à d'autres personnes de la société ;
> imaginez quels seraient vos intérêts, préférences et besoins si vous étiez à sa place.

Si vous avez une idée de la MESORE de l'autre partie, cela vous indique jusqu'où vous pouvez aller. Mais d'autres informations sont tout aussi cruciales. Par exemple, plus vous en saurez sur les problèmes plus généraux de l'autre partie, sur son secteur d'activité, l'organisation de son entreprise, ses objectifs, les autres accords qu'elle a passés, plus vous serez à même de trouver des solutions créatives pour satisfaire ses intérêts (de préférence à moindres frais pour vous).

---

2 LAX David et SEBENIUS James, *Les Gestionnaires et la Négociation*, Gaëtan Morin, 1998.

Quelle valeur attribuer à la MESORE ?

Même si c'est tout à fait essentiel de connaître votre MESORE et d'essayer d'évaluer celle de l'autre partie, sachez que la plupart d'entre nous ne savent pas estimer objectivement la valeur d'une MESORE. Lax et Sebenius illustrent cela avec l'exemple de la valeur d'une entreprise en vente : « Même en disposant, entre autres, d'informations sur l'entreprise, de bilans comptables, de comptes de résultat identiques, écrivent-ils, les personnes désireuses d'acheter l'entreprise estiment en général faiblement sa valeur, tandis que celles désireuses de la vendre donnent des estimations beaucoup plus élevées. Les observateurs neutres ont tendance à faire une évaluation intermédiaire[2]. »

Ce qu'il faut retenir, c'est que votre point de vue peut déteindre sur l'estimation de la MESORE. Par conséquent, montrez-vous aussi objectif que possible et soumettez votre idée à un tiers neutre.

Affaiblissez la MESORE de l'autre partie

Tout ce qui affaiblit la solution de rechange de l'autre partie renforcera votre position. Dans certains cas, vous pouvez la fragiliser de manière directe.

Havre éternel, une chaîne de pompes funèbres basée à Bordeaux, avait acquis des rivaux indépendants dans le nord-ouest de la France et était en pourparlers avec Jean et Barbara Soulet pour le rachat de leur établissement situé en Seine-Maritime. Au début des négociations, les Soulet étaient convaincus d'obtenir un prix élevé, car l'autre entreprise de pompes funèbres de la région, les Pompes funèbres Robert Durand, affirmait depuis des années vouloir les acheter : « C'est une belle affaire que vous avez là, leur avait-il dit à plusieurs reprises. Si jamais vous voulez vendre, contactez-moi. » Robert Durand avait même fait allusion à 800 000 €.

Les Soulet considéraient donc que ces 800 000 € étaient leur meilleure solution de repli pour passer un accord avec Havre éternel. « Si nous pouvons nous servir de Robert Durand pour négocier avec Havre éternel, a expliqué Jean à Barbara, nous devrions obtenir un prix bien plus intéressant – peut-être 1 million d'euros. » Inutile de vous dire leur déception lorsqu'ils ont appris dans le journal local que les Pompes funèbres Robert Durand avaient été rachetées par une chaîne basée à Bordeaux. Leur solution de rechange était anéantie et ils se retrouvaient dans une position faible par rapport aux négociateurs de Havre éternel.

Dans cet exemple, Havre éternel a neutralisé la solution de repli de Jean et Barbara. Leur MESORE de 800 000 € a disparu des négociations, leur seule alternative étant alors de poursuivre normalement leur commerce. Ainsi, Havre éternel a renforcé sa position par rapport aux Soulet en affaiblissant leur MESORE. Bien sûr, la position des Soulet n'est peut-être pas entièrement intenable. Ils pourraient chercher à renforcer leur MESORE, par exemple en faisant entrer dans le jeu un autre acquéreur potentiel (comme une chaîne de pompes funèbres concurrente).

Définissez votre MESORE

Vous souhaitez identifier votre MESORE et l'améliorer ? Vous trouverez en annexe une fiche pratique dont les questions vous guideront pas à pas. Cette fiche ainsi que d'autres outils sont également disponibles en anglais sur le site Internet de Harvard Business Essentials : www.elearning.hbsp.org/businesstools.
Ce site propose des versions gratuites et interactives des fiches, des check-lists et d'autres outils présentés dans cet ouvrage.

Si vous n'avez pas de solution de rechange

Il n'y a pas de position plus vulnérable que celle d'un négociateur qui n'a pas de solution de repli. Dans ce cas, l'autre partie peut imposer les termes de l'accord. La partie sans MESORE accepte la transaction, mais ne la décide pas. Si vous vous trouvez dans cette situation dangereuse, vous devez imaginer une solution de rechange. Dans un article de la *Harvard Business Review*, Danny Ertel a décrit comment Colbún, le troisième fournisseur d'électricité du Chili, y est parvenu :

La partie sans MESORE accepte la transaction, mais ne la décide pas

Colbún s'est souvent trouvé très désavantagé en termes de pouvoir de négociation. L'entreprise devait, par exemple, négocier sa capacité de transport avec la plus grande entreprise d'énergie électrique. Si elle s'était engagée dans les négociations sans solution de rechange, elle aurait été à la merci de la partie adverse et aurait payé cette capacité à un prix très élevé. Mais Colbún avait une politique d'entreprise claire : il fallait qu'une MESORE soit définie pour chaque négociation. N'ayant pas d'autres solutions pour acheter la capacité de transport, Colbún a dû en créer une : elle a envisagé de construire sa propre ligne de transport, a effectué des études de faisabilité et a même lancé des appels d'offres pour la construction[3].

3 ERTEL Danny, « Faire de la négociation une compétence d'entreprise », in *Harvard Business Review - Négociation et Résolution de conflits*, Paris, Éditions d'Organisation, 2001.

Cette méthode a fonctionné. L'autre partie a progressivement baissé son prix au fur et à mesure que la MESORE de Colbún se développait. Est-ce que, pour l'une de vos négociations en cours (avec votre patron, votre client ou quelqu'un d'autre), vous n'avez pas de solution de repli ? Si c'est le cas, prenez le temps de réfléchir et de chercher à en concevoir une. Demandez-vous également quel type de solution renforcerait le plus votre position.

La MESORE, une notion parfois floue

La MESORE est un concept facile à comprendre. Mais l'appliquer n'est pas aussi simple qu'il n'y paraît. Dans la plupart des négociations, plusieurs variables entrent en jeu, dont certaines ne peuvent être quantifiées ou comparées. Cela crée une MESORE vague. Par exemple, supposons que vous envisagez d'acheter d'occasion une berline Volvo de 2001 avec une boîte de vitesses automatique et 45 000 km au compteur. Le concessionnaire la vend pour 26 000 € et offre une garantie de trois mois. Cependant, votre voisin possède un break Volvo de 2001 avec une boîte de vitesses manuelle (ce que vous préférez) et 85 000 km au compteur. Il affirme n'avoir jamais eu de problème mécanique et il s'en séparerait pour 18 000 € (sans aucune garantie). Pour vos négociations avec le concessionnaire, la voiture de votre voisin semblerait être votre MESORE. Mais est-ce un point de repère pertinent de ce que vous pourriez obtenir en l'absence d'accord ?

Si le prix était l'unique problème, la Volvo de votre voisin serait votre MESORE, mais les deux véhicules présentent des différences qualitatives et quantitatives notables. La voiture de votre voisin est moins chère et a une transmission manuelle (ce qui vous plaît), mais elle a plus de kilomètres et il n'y a pas de garantie (ce qui vous déplaît). La majorité des négociations présente des subtilités de ce genre.

Dans une transaction où entrent en compte le prix et divers autres facteurs (comme dans cet exemple), vous pouvez rendre votre MESORE moins floue en attribuant une valeur monétaire à ces divers facteurs et en ajustant en fonction la valeur de votre MESORE. Par exemple, vous pourriez fixer une pénalité de 4 000 € à la Volvo de votre voisin pour son kilométrage plus élevé ainsi qu'une autre de 1 000 € pour l'absence de garantie. De même, vous pourriez lui attribuer une prime de 500 € pour sa transmission manuelle que vous préférez. Le total de ces ajustements est de 4 500 € (4 000 € + 1 000 € – 500 €). Ajoutez à cela l'offre de 18 000 € de votre voisin et vous obtenez 22 500 €, c'est-à-dire votre nouvelle MESORE plus précise. Si le concessionnaire baissait son prix à 22 500 €, cela vous importerait peu d'acheter l'une ou l'autre voiture – du moins en théorie.

Cependant, toutes les situations ne se prêtent pas à des ajustements de prix, pour la simple raison que le prix n'est pas toujours au cœur des transactions. Des questions qualitatives entrent également en ligne de compte. Par exemple, une personne qui négocie l'achat d'une petite entreprise peut se soucier de la date à laquelle la transaction aura lieu et de l'engagement du propriétaire actuel à jouer un rôle de consultant. Le négociateur doit en l'occurrence être capable de trouver un équilibre entre son estimation de la transaction et la définition de sa MESORE.

Le prix de réserve

Le prix de réserve* (aussi appelé « point de retrait* ») correspond au prix le moins favorable auquel l'on accepte un accord. Votre prix de réserve devrait être inspiré de votre MESORE, mais c'est en général deux choses différentes. Cependant, si la transaction concerne uniquement l'argent et qu'une offre plausible est votre MESORE, alors votre prix de réserve devrait être plus ou moins égal à votre MESORE. Voici un exemple :

> *Vous louez actuellement des bureaux situés en banlieue au prix de 200 € le mètre carré. L'endroit vous convient et vous trouvez le prix correct, mais cela ne vous ennuierait pas de payer plus cher pour vous rapprocher de vos clients établis en centre-ville. Alors que vous vous préparez à négocier avec un propriétaire un bail pour des bureaux installés dans une tour du centre-ville, vous décidez que vous ne paierez pas plus de 300 € le mètre carré. C'est votre prix de réserve. Si le bailleur exige un prix plus élevé, vous pouvez vous retirer des négociations et chercher à louer des bureaux dans un autre immeuble. Ou vous pouvez rester là où vous êtes actuellement pour 200 € le mètre carré (votre MESORE).*
> *À la fin d'une longue négociation, le bailleur déclare qu'il ne descendra pas en dessous de 350 € le mètre carré et que sa position est ferme. Vous mettez poliment un terme à la négociation et vous vous retirez.*

Dans cet exemple, votre prix de réserve est différent de votre MESORE. La MESORE en l'occurrence est le loyer de votre location actuelle (200 € le mètre carré). Mais la nouvelle location a des caractéristiques différentes qui entrent dans l'équation. Elle se trouve plus près de vos clients et il se peut que le local soit plus agréable et plus pratique. Vous seriez prêt à assumer la dépense supplémentaire et les désagréments du déménagement, même si cela revenait à payer 300 € le mètre carré. Mais au-delà,

ce serait inacceptable. Ainsi, il y a une différence subtile entre votre MESORE et votre prix de réserve.
Le fait que le bailleur n'accepte pas un prix inférieur à 350 € le mètre carré suggère qu'il s'agit là de son prix de réserve.

Définissez votre prix de réserve
Savez-vous quel est votre prix de réserve dans les négociations que vous menez actuellement ? Quelles variables ont une incidence sur votre prix ? Quelle valeur avez-vous sacrifiée pour ce prix de réserve ? Nous vous proposons en annexe une fiche pratique qui peut vous aider à fixer un prix de réserve objectif. Cette fiche ainsi que d'autres outils sont également disponibles en anglais sur le site Internet de Harvard Business Essentials : www.elearning.hbsp.org/businesstools. Ce site propose des versions gratuites et interactives des fiches, des check-lists et d'autres outils présentés dans cet ouvrage.

La ZAP

La ZAP*, ou zone d'accord possible, est le troisième concept clé dont il faut se souvenir. Il s'agit de l'espace dans lequel peut avoir lieu un accord satisfaisant les deux parties. Dit autrement, c'est l'ensemble des accords qui peuvent éventuellement contenter toutes les parties.

Le prix de réserve de chaque partie détermine la limite basse et la limite haute de la ZAP

Le prix de réserve de chaque partie détermine la limite basse et la limite haute de la ZAP. La ZAP se situe (quand elle existe) entre ces limites haute et basse, c'est-à-dire entre les prix de réserve des parties. Voici un exemple :

Une acheteuse a fixé pour l'achat d'un entrepôt un prix de réserve de 275 000 €. « C'est la somme la plus élevée que je suis prête à mettre », se dit-elle. Bien évidemment, elle préférerait payer moins. De son côté, le vendeur a défini un prix de réserve de 250 000 €. C'est le minimum qu'il acceptera pour cette propriété. De ce fait, la ZAP se situe entre 250 000 € et 275 000 €, comme le montre la figure 2.1. Les deux parties pourraient marchander un peu pour parvenir à un accord, mais s'il se trouve dans cette plage, toutes deux seront satisfaites.

Figure 2.1

ZONE D'ACCORD POSSIBLE

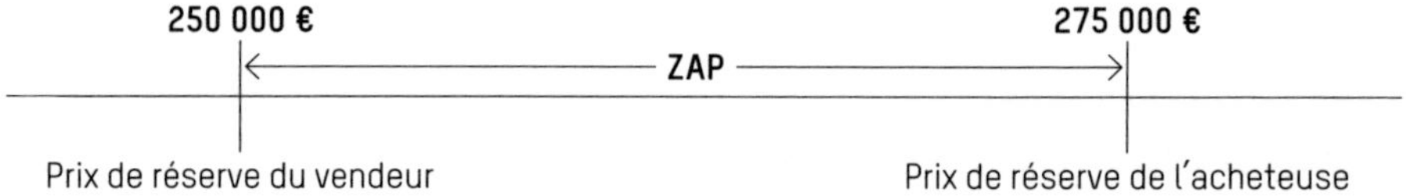

L'acheteuse: « Que diriez-vous d'une offre à 255 000 € ? C'est un prix qui me conviendrait. »
Le vendeur: « Merci, mais je pense que ce bâtiment vaut plus que cela ; et je peux en obtenir plus si je le laisse sur le marché encore un mois ou deux. »
L'acheteuse: « Peut-être, ou peut-être pas ! Je serais prête à vous payer 260 000 € dès maintenant si nous pouvons trouver un accord. »
Le vendeur: « 265 000 € et il est à vous. »
L'acheteuse: « C'est d'accord ! »

Dans cet exemple banal, les parties avaient un prix de réserve et elles ont marchandé à l'intérieur de la ZAP. Ce faisant, chacune a obtenu un meilleur prix que son point de retrait. Nous pouvons supposer qu'aucune ne connaissait le prix de réserve de l'autre. Comme vous pouvez vous en douter, le connaître aurait été extrêmement utile. Par exemple, si l'acheteuse avait eu connaissance au préalable du prix de réserve du vendeur, elle aurait pu négocier plus âprement afin d'obtenir un prix plus proche des 250 000 €. Estimer le prix de réserve de l'autre partie est parfois possible. Si, par exemple, des biens équivalents étaient évalués dans le même quartier à 260 000 €, l'acheteuse aurait pu supposer plus ou moins avec certitude que le prix de réserve du vendeur aurait été proche de ce chiffre. De même, si, en menant sa petite enquête, l'acheteuse avait découvert que le vendeur était extrêmement désireux de vendre, elle aurait pu faire une offre moins élevée.

Maintenant, songez à ce qui se serait passé si les chiffres avaient été inversés, c'est-à-dire si le prix de réserve de l'acheteuse avait été de 250 000 € et celui du vendeur de 275 000 €. Ainsi, l'acheteuse ne déboursera pas plus de 250 000 € et le vendeur n'acceptera pas une offre inférieure à 275 000 €. Les limites que se sont fixées les deux parties ne se recoupent donc pas ; il n'y a pas de ZAP. Quand bien même les négociateurs seraient expérimentés, aucun accord ne serait possible, sauf si d'autres éléments de valeur étaient à prendre en compte ou que le prix de réserve de l'une ou des deux parties changeait. Par exemple, si le vendeur de l'entrepôt a appris que son acheteuse potentielle avait besoin d'un parking pour dix camions de livraison et si, par hasard, il trouvait de nombreuses places de parking non utilisées sur un terrain attenant, il pourrait proposer à l'acheteuse un lot entrepôt et terrain. Cet expédient pourrait permettre de sortir de l'impasse. Cela serait un exemple de création de valeur dans une négociation coopérative, comme nous l'avons évoqué au chapitre 1. C'est la mise en commun d'informations qui la rend possible.

La création de valeur

Les parties négociantes confortent leur position en échangeant des valeurs à leur disposition

Un autre concept fondamental de la négociation est la création de valeur. Le principe de ce concept est que les parties négociantes confortent leur position en échangeant des valeurs à leur disposition. La création de valeur a lieu dans le cadre de négociations coopératives. Chaque partie obtient une chose qu'elle veut en échange d'une autre qui lui importe moins. Regardez l'exemple suivant :

> *Hélène et Rémi collectionnent les livres rares, ce qui est pour eux non seulement une source de plaisir artistique, mais aussi un investissement. « Les livres rares me rapportent plus que la Bourse, explique Hélène d'un ton convaincu. Et avoir ces merveilleuses éditions originales dans ma bibliothèque me procure un immense plaisir. » Sa collection de romans d'Hemingway fait sa fierté et sa joie. Elle les a tous en édition originale, à l'exception de* Pour qui sonne le glas. *Elle négocie avec Rémi, qui a mis un exemplaire en vente.*
>
> *Rémi est ravi d'avoir cette édition originale, mais comme la discussion au téléphone le révèle, ce qui l'intéresse principalement, c'est de constituer une collection des œuvres de William Prescott, historien américain du XIXe siècle. Actuellement, il possède les premières éditions de l'ouvrage en plusieurs volumes de Prescott,* Leurs Majestes catholiques *et il recherche activement le tome II de son* Histoire de la conquête du Mexique. *Le hasard faisant bien les choses, Hélène possède une édition originale de ce tome et est prête à s'en séparer, puisqu'il ne l'intéresse pas outre mesure pour sa collection. C'est un livre qu'elle a acheté comme ça sur une brocante.*
>
> *Au final, Rémi vend à Hélène le livre d'Hemingway, qui complète ainsi sa collection, pour 100 € et son exemplaire du tome II de Prescott, ce qui permet à Rémi d'enrichir sa collection.*
>
> *Tous deux sont extrêmement satisfaits de cette transaction.*

Dans cet exemple, les deux protagonistes ont su créer de la valeur et ne se sont pas simplement contentés de la réclamer. Il en a résulté une énorme satisfaction pour tous les deux. Cela a été possible, car les biens échangés n'avaient qu'une valeur modeste aux yeux de leur propriétaire, mais une valeur exceptionnelle à ceux de leur acquéreur.

Songez un instant aux négociations que vous menez, que ce soit avec vos clients, fournisseurs ou collaborateurs. Tirez-vous chacun la couverture à vous dans un jeu perdant gagnant ? Maintenant, demandez-vous comment vous pourriez satisfaire votre interlocuteur, sans trop perdre de votre côté.

> Pour un fournisseur, cette valeur plus importante pourrait être une période de livraison plus longue. Pour le client, cela aura peu d'impact que les livraisons soient échelonnées sur un mois, mais pour le fournisseur, qui connaît en ce moment des difficultés avec son matériel de production, cela pourrait être un argument de poids.

> Il pourrait s'agir, pour un client, de trois mois de services de réparation gratuits en cas de besoin. Pour le vendeur, qui est fermement convaincu qu'il n'y aura aucun souci avec ses produits pendant cette période, ce service gratuit n'a aucune conséquence. Pour le client qui apprécie ce service à sa juste valeur, c'est un gage de sérieux et cela change la donne.

> Vous pourriez accepter de céder deux ordinateurs très puissants que vos collaborateurs n'utilisent que rarement, voire jamais, à un autre service de votre entreprise, pour qui ces ordinateurs sont essentiels. Il se peut que ce service vous offre en retour une chose que vous estimez plus que lui.

> L'opportunité de travailler à domicile deux fois par semaine peut générer une forte satisfaction chez un salarié, alors que cela coûte peu à l'employeur.

Ce que les autres apprécient beaucoup aura très souvent peu de valeur à vos yeux et inversement. Ces choses existent parfois. En réfléchissant et en cherchant un peu, on les trouve. C'est cela la création de valeur. Assurez-vous seulement, lorsque vous donnez un élément de valeur, de demander quelque chose en retour.

L'ESSENTIEL

Ce chapitre vous a présenté les concepts fondamentaux employés par les négociateurs expérimentés.

★ La MESORE est la meilleure solution de repli. Elle correspond à la solution de repli à privilégier en l'absence d'accord. Connaître votre MESORE, c'est savoir ce que vous ferez ou ce qui arrivera si vous ne parvenez pas à un accord. Ne vous engagez pas dans une négociation sans avoir défini votre MESORE.

★ Si celle-ci est fragile, cherchez à la renforcer. Tout ce qui consolidera votre MESORE améliorera votre position à la table des négociations.

★ Identifiez la MESORE de l'autre partie. Si elle est solide, demandez-vous comment vous pourriez l'affaiblir.

★ Le prix de réserve est le prix auquel le négociateur sensé se retirera. Ne vous asseyez pas à la table des négociations sans avoir une idée précise de votre prix de réserve.

★ La ZAP est la zone d'accord possible, dans laquelle un accord satisfera toutes les parties. Elle existe quand les négociateurs ont des prix de réserve différents (par exemple, quand l'acheteur d'une maison est prêt à mettre jusqu'à 275 000 € et que le vendeur est disposé à accepter au minimum 250 000 €).

★ La création de valeur est possible quand une partie possède une chose qu'elle estime moins que l'autre (et inversement). En échangeant ces valeurs, les parties perdent peu, mais gagnent beaucoup.

3

La préparation

Les neuf étapes d'un accord

Les notions clés au programme de ce chapitre :

- **Évaluer vos intérêts et votre MESORE ainsi que ceux de l'autre partie.**
- **Repérer d'éventuelles possibilités de création de valeur.**
- **Déterminer le niveau d'autorité des deux parties dans une négociation.**
- **Comprendre les personnes et la culture de l'autre partie.**
- **Se préparer à faire preuve de souplesse.**
- **Démontrer l'impartialité de votre position.**
- **Modifier le processus en votre faveur.**

La préparation est indispensable au bon déroulement de toute entreprise importante. La négociation n'échappe pas à cette règle. Ceux qui savent ce qu'ils veulent, ce qu'ils sont prêts à accepter et qui est l'autre partie augmentent leurs chances de conclure un accord favorable, comme le met en évidence l'exemple suivant.

Laura, l'une des meilleures collaboratrices de Philippe, souhaite prendre un congé de six mois et a demandé à le rencontrer pour en discuter. Ces derniers mois, elle a exprimé ce désir à plusieurs reprises. À présent, elle demande un rendez-vous formel. « Nous pouvons nous voir mardi prochain à 16 h pour en parler », lui répond Philippe.
Avec tout ce qui se passe dans le service, Philippe ne veut pas réfléchir à la manière dont son équipe pourrait réaliser le travail sans Laura. Par conséquent, il n'examine pas sa demande. « Peut-être changera-t-elle d'avis ou que cette idée lui passera », songe-t-il.
Lors du rendez-vous, Laura est, quant à elle, tout à fait préparée. Elle a envisagé les dates de son départ et son retour. Elle s'est renseignée auprès des ressources humaines de la politique concernant les congés et les questions de personnel. Elle a également anticipé les problèmes que soulèverait son patron (qui va prendre le relais ? Comment pourront-ils respecter les échéances ? Qui la remplacera dans les activités d'équipe ?). Laura avait préparé des réponses pour chacune de ces questions.
En revanche, Philippe y est allé les mains dans les poches. De toute façon, il n'était pas favorable aux congés de longue durée. « Et si tout le monde décidait de faire la même chose, grommelait-il. Ce serait la pagaille ! » Mais à chaque objection qu'il avançait, Laura avait une réponse pertinente. Il voulait suggérer une alternative à un tel congé, mais il n'est pas parvenu à imaginer une solution satisfaisante.
Au final, Laura a obtenu son congé avec ses conditions, car elle était préparée, contrairement à Philippe. Si celui-ci s'était préparé, il aurait pu trouver un terrain d'entente, où ses objectifs pour le service et ceux de Laura auraient été mutuellement satisfaits.

La préparation du négociateur consiste à comprendre sa position et ses intérêts, ceux de l'autre partie, les problèmes en jeu et les solutions possibles. Cela revient à se renseigner au maximum sur les concepts présentés dans le chapitre précédent : votre MESORE, votre prix de réserve ainsi que ceux des autres parties, la zone à l'intérieur de laquelle un accord peut être trouvé et les possibilités de créer davantage de valeur. C'est aussi comprendre vos interlocuteurs. Nous explorerons ces idées ainsi que d'autres questions liées à la préparation en neuf étapes[1].

Étape n° 1 : Déterminez l'issue qui serait satisfaisante pour vous et l'autre partie

Ne vous engagez jamais dans une négociation sans vous être auparavant demandé : « Quelle issue me satisferait ? Quels sont mes besoins et comment les prioriser ? » Puis posez-vous ces mêmes questions, mais du point de vue de l'autre partie.

Dans l'exemple précédent, Philippe, le manager, aurait dû réfléchir en amont aux solutions qui lui auraient convenu, c'est-à-dire celles qui auraient permis à son service d'atteindre ses objectifs. La plus évidente aurait été que Laura reste. Ce n'est toutefois pas possible, puisque l'entreprise soutient les congés de longue durée. De plus, rejeter la requête de Laura pourrait conduire à sa démission, ce qui aggraverait le problème. Mais il s'agit là de l'issue la plus catastrophique. D'autres pourraient permettre au service de Philippe d'accomplir sa mission. Par exemple :

- négocier un congé plus court ;
- programmer le congé pendant la période la plus calme de l'année ;
- demander à Laura d'élaborer avec ses collègues un plan qui répondrait aux besoins du service.

Toutes ces issues pourraient satisfaire Philippe.

Mais qu'en est-il du point de vue de Laura ? Si elle avait un quelconque pouvoir de négociation, sa conception d'une issue favorable empêcherait Philippe d'obtenir la meilleure issue pour lui-même. Ainsi, en guise de préparation, Philippe doit se mettre à la place de Laura et se poser les mêmes questions : « Quelle issue satisferait Laura ? Quels sont ses besoins et comment les priorise-t-elle ? » Logiquement, pour pouvoir répondre à ces questions, Philippe doit auparavant comprendre Laura et son intention de prendre un congé.

Puisqu'il n'a pas cherché à le faire, essayons de lire dans les pensées de sa collaboratrice.

---

1 Ces neuf points sont adaptés du module sur la négociation de Harvard ManageMentor, un service en ligne de Harvard Business School Publishing.

J'ai vraiment besoin de passer davantage de temps avec mon fils, Nathan. C'est un adolescent très dissipé. Et cela se voit dans ses bulletins scolaires. Il ne fait pas ses devoirs, il est tire-au-flanc en cours et ses notes sont mauvaises. Il faut le remettre sur les rails ou il n'aura pas son diplôme et n'acquerra pas de bonnes méthodes de travail. Quelqu'un devrait être à la maison quand il rentre, pour lui inculquer des réflexes en matière de devoirs et lui offrir un dîner en famille au cours duquel nous nous écouterions mutuellement. Son père ne peut pas le faire ; il voyage trop souvent. Je ne peux pas le faire non plus tant que je travaille à temps plein. Je ne suis pas à la maison avant 18 h 30 et, quand je rentre, je suis fatiguée ! Ce long trajet m'épuise.

J'ai besoin de temps libre pour remettre mon fils sur la bonne voie. Six mois devraient suffire. Nous ne pouvons vraiment pas nous permettre de perdre un salaire, mais nous ne pouvons pas non plus laisser notre fils à la dérive.

Si on ne connaît pas nos intérêts et ceux des autres parties, on ne peut pas définir une issue favorable

Si Philippe s'était préparé en cherchant à savoir pourquoi Laura désirait un congé, il aurait pu envisager une ou plusieurs issues satisfaisantes pour elle.

Quand les experts en négociation recommandent de se préparer, ils font allusion aux intérêts des diverses parties. De manière générale, si on ne connaît pas les intérêts qui sont les nôtres et ceux des autres parties, on ne peut pas convenablement définir une issue favorable. Cependant, déterminer les intérêts de l'autre partie est parfois difficile, surtout si elle cherche à les cacher. Prenons l'exemple d'un représentant de commerce indépendant qui négocie avec un fabricant le droit exclusif de vendre son produit dans une région donnée. Les négociateurs du fabricant sont muets comme des carpes concernant leurs intérêts à long terme par rapport au représentant, car ils veulent plus tard le remplacer par une personne en interne.

À la table des négociations, certains intérêts des deux parties peuvent transparaître. Mais ce n'est pas toujours le cas, notamment lors des négociations conflictuelles à somme positive. Si vous ne parvenez pas à définir les intérêts de l'autre partie, exploitez tous vos échanges verbaux pour les découvrir. Vous pouvez aussi utiliser la fiche « Évaluez la position et les intérêts de l'autre partie » proposée en annexe (cette fiche ainsi que d'autres outils sont également disponibles en anglais sur le site Internet de Harvard Business Essentials : www.elearning.hbsp.org/businesstools).

Étape n° 2 : Cherchez à créer de la valeur

Une fois que vous avez défini l'issue satisfaisante de votre point de vue et de celui de l'autre partie, vous pouvez alors identifier les possibilités de terrain d'entente, de compromis et d'accords favorables. Si, par exemple, Philippe avait su que le problème principal de Laura était de trouver un équilibre entre son travail et sa vie privée, il aurait pu envisager des solutions qui auraient permis aux deux parties de servir la plupart, sinon l'ensemble, de leurs objectifs. Par exemple :

> une réduction des heures de travail pour Laura (de 9 h à 14 h). Elle serait chez elle à temps pour s'occuper de son fils et Philippe pourrait utiliser la réduction de son salaire pour engager un intérimaire qui la remplacerait de 14 à 17 h ;

> télétravailler depuis son domicile de 8 h à 15 h 30. Cela résoudrait son souci concernant le long trajet entre son domicile et son travail, celui d'être avec son fils en fin d'après-midi et son inquiétude au sujet de la perte importante de salaire. Laura pourrait, à son tour, répondre aux préoccupations de Philippe en développant un plan pour une livraison dans les délais de toutes ses tâches.

L'une de ces solutions pourrait paraître à Laura plus intéressante que sa demande initiale de congé, en ce sens qu'elle lui permettrait d'être chez elle dans l'après-midi et de conserver une grande partie (sinon la totalité) de son salaire. De plus, aucune ne causerait de problèmes sérieux au service de Philippe. Ainsi, la négociation serait créatrice de valeur. Laura disposerait du temps dont elle a besoin pour équilibrer travail et vie privée ; quant à Philippe, il retiendrait une bonne collaboratrice et permettrait à son service de continuer à fonctionner normalement.

Dès qu'il y a création de valeur, vous devez vous demander à qui reviendra cette valeur. Une partie pourrait l'obtenir dans sa totalité, ou la partager d'une manière ou d'une autre. Naturellement, si vous permettez de créer de la valeur lors des négociations, vous réclamerez une part, et ce à juste titre. C'est ce que les vendeurs font lorsqu'ils négocient le rachat d'une entreprise.

Dès qu'il y a création de valeur, vous devez vous demander à qui reviendra cette valeur

Alibio est racheté par L'Empire des aliments. Bien que l'action en Bourse d'Alibio vaille 50 €, L'Empire des aliments veut l'acheter 65 €. Pourquoi ? Entre autres, parce que l'acquéreur voit des synergies intéressantes dans ce rapprochement entre les deux entreprises. Cette valeur supplémentaire n'existe pas chez Alibio et elle pourrait ne pas exister si une autre entreprise réalisait l'acquisition. Mais du point de vue de L'Empire des aliments, ajouter Alibio à son portefeuille revient à 1 + 1 = 3.

En décidant d'une prime sur le prix de l'action, les deux entreprises de cet exemple se partagent la valeur nouvellement créée : les actionnaires d'Alibio reçoivent plus d'argent et, même à ce prix, la direction de L'Empire des aliments estime avoir conclu un bon accord en raison des synergies attendues.

Étape n° 3 : Définissez votre MESORE, votre prix de réserve et ceux de l'autre partie

Bien que la MESORE et le prix de réserve aient été abordés dans le chapitre précédent, il convient de faire à nouveau appel à ces deux concepts incontournables de la préparation.
Si nous reprenons l'exemple de Philippe et de Laura, quelle est la MESORE de Philippe ? L'histoire ne nous a pas fourni suffisamment de détails pour la déterminer avec certitude, mais il semble que Philippe n'a pas assez réfléchi à sa MESORE. Il n'a personne sous la main pour remplacer Laura s'il lui refuse son congé et qu'elle démissionne. S'il rejette sa demande de congé, il sera confronté soit à une collaboratrice mécontente si elle reste, soit à un recrutement si elle part. Aucune de ces perspectives n'est plaisante pour Philippe. Si Laura envisage cela lors de sa préparation, elle sera en meilleure position pour négocier.
La MESORE de Laura est également limitée. Même si elle ne négocie pas avec Philippe, il est plus que probable qu'elle obtienne son congé puisque la politique de l'entreprise le prévoit. Mais dire « Accordez-moi un congé ou je vous fais un procès » nuirait à sa réputation dans la société, ce qu'elle ne souhaite pas. Ainsi, sa meilleure solution de rechange est peut-être de démissionner et de ne chercher un nouvel emploi que dans six mois. Si Philippe comprend cela, il sera mieux préparé pour négocier.

Étape n° 4 : Renforcez votre MESORE

Consolider sa MESORE est une étape importante de la préparation

Comme nous l'avons expliqué dans le chapitre précédent, tout ce que vous pouvez faire pour améliorer votre solution de repli fortifiera votre position. Dans le cas de Philippe et de Laura, Philippe aurait pu améliorer sa MESORE durant la phase de préparation en déterminant quel autre collaborateur aurait envie et serait capable de prendre la place de Laura si elle se montrait dure en affaires. La monnaie d'échange de Laura est son rôle crucial dans le bon fonctionnement du service. Si elle pouvait être remplacée, cette monnaie d'échange perdrait de sa valeur.

Consolider sa MESORE est une étape importante de la préparation, mais ne se limite pas à la phase de préparation. Les bons négociateurs cherchent à améliorer leur MESORE non seulement avant, mais aussi pendant les délibérations avec l'autre partie.

À quel point êtes-vous dans le besoin ?

L'auteur et consultant Jim Camp déconseille vivement à ses lecteurs d'apparaître « dans le besoin », ce qui équivaut à avoir une MESORE fragile. Les négociateurs habiles en tireront profit. Si la partie adverse n'a pas de MESORE, les négociateurs agressifs feront tout leur possible pour susciter chez elle le besoin :

> *Les négociateurs durs en affaires savent parfaitement repérer ce besoin chez leurs interlocuteurs, tout comme ils savent parfaitement le créer. En particulier, ceux qui négocient pour de très grandes entreprises accroissent les attentes de leurs fournisseurs adverses, en dépeignant des scénarios idylliques et exagérés de très grosses commandes, de joint-ventures, d'alliances internationales, tout cela dans le but de créer un besoin chez leurs fournisseurs... Puis, quand celui-ci est bien établi, ils contrebalancent avec des modifications, des exceptions et... des demandes de concessions*[2].

Vous pouvez éviter d'apparaître dans le besoin en vous forgeant une MESORE solide – et en informant l'autre partie que vous êtes prêt à vous retirer si cela exige trop de concessions de votre part.

Étape n° 5 : Anticipez la question de l'autorité

Efforcez vous d'identifier le véritable décideur

La sagesse populaire veut que le négociateur de l'autre côté de la table ait pleine autorité. Autrement, on risque de vous faire le coup classique du « vendeur de voiture » : au moment où vous allez conclure un accord avec le vendeur, il vous déclare « Il me faut l'accord de mon responsable. » En d'autres termes, la négociation avec le vendeur sert à vous faire aller jusqu'à votre limite, alors que la seconde négociation, avec le responsable, vise à vous faire aller au-delà.

2 CAMP Jim, *Start with No*, New York, Crown, 2002, p. 22.

Négocier avec celui qui a le pouvoir de signer présente de réels avantages :

- tous vos arguments sont entendus directement par le décideur ;
- les bénéfices d'une bonne relation construite autour de la table des négociations se retrouveront probablement dans l'accord et dans sa mise en application ;
- il y a moins de risques de conflits ou de mauvaises interprétations de certaines clauses ;
- vous évitez le piège du « vendeur de voiture » que nous venons de décrire ;
- si votre but est de faire en sorte que la personne de l'autre côté de la table ait très envie de conclure un accord avec vous, vos efforts ne serviront à rien si le réel décideur n'est pas présent.

Ainsi, efforcez-vous d'identifier le véritable décideur. N'ayez pas peur de demander : « Qui prendra la décision ? » Si cette personne ne fait pas partie de l'équipe de négociation, suggérez qu'elle soit présente : « Si c'est M. Dupond qui arrêtera la décision, ne serait-il pas préférable qu'il nous rejoigne ? Ainsi, nous pourrons éviter les malentendus et gagner du temps. » Si le décideur est présent de votre côté, insistez pour que l'autre partie en fasse de même.

Tâchez également de découvrir comment la partie adverse arrêtera sa décision. Cela relève-t-il d'un individu, d'une équipe ou d'un comité ? La décision sera-t-elle débattue dans l'entreprise pendant une semaine ou deux ? N'hésitez pas à le demander directement : « Comment prenez-vous les décisions pour un sujet tel que celui-ci ? »

Pour des raisons pratiques, il ne sera pas toujours possible de négocier avec la personne (ou le comité) qui décide en dernier ressort. Même les accords négociés par le président de la République (indéniablement la personne la plus puissante du pays) doivent être ratifiés par le Parlement.

Cela dit, traiter avec des négociateurs qui n'ont pas pleine autorité peut offrir des avantages : ils peuvent être plus libres de parler des intérêts de leur entreprise et d'envisager des solutions créatives. Si vous négociez avec une personne qui n'a pas pleine autorité, voyez cela comme la liberté de ne pas avoir à vous engager. Mais observez ces précautions :

- énoncez la règle de base selon laquelle aucune partie n'engagera son entreprise dans la négociation (s'ils ne s'engagent pas, vous n'avez pas à le faire non plus) ;
- suggérez de profiter de cette occasion pour discuter de vos intérêts respectifs et de rechercher des solutions et offres créatives ;
- quand la négociation n'est qu'une question d'argent, laissez-vous une marge de manœuvre* au cas où le négociateur final va plus loin dans la

seconde phase des débats. S'il n'y a pas de marge de manœuvre, faites bien comprendre qu'il s'agit là de votre meilleure offre.

Si vous ne pouvez pas exiger que la personne assise en face de vous ait pleine autorité, il est essentiel que vous déterminiez le degré d'autorité de cette personne, de sorte que vous puissiez vous préparer en fonction de cette information. Ainsi, essayez de découvrir les points suivants :

- Qui sera à la table des négociations ?
- Quels sont le titre de cette personne et sa sphère de responsabilités ?
- Depuis combien de temps le représentant de l'autre partie est dans cette entreprise ?
- Quelle est l'organisation de la société : est-elle très hiérarchique, avec les décideurs les plus importants concentrés au sommet, ou est-elle plus ou moins décentralisée ?
- Comment est perçu le négociateur au sein de sa société : est-il respecté et écouté de manière générale ou non ?

Connaissez toujours précisément le degré d'autorité que vous avez

Certes, il peut être difficile d'obtenir ces informations, mais cela en vaut la peine. Si vous avez des connaissances dans ce secteur d'activité, vous pouvez peut-être passer un ou deux coups de téléphone informels et confidentiels pour vous renseigner.

Si vous apprenez que le négociateur de l'autre partie a très peu d'autorité légitime et n'est pas respecté, ni écouté des décideurs, vous avez un problème. Travailler avec cette personne peut tout simplement être une perte de temps. Par conséquent, essayez de faire en sorte qu'un autre représentant participe aux négociations. Pour faire cela avec tact, vous pouvez proposer qu'un collègue vous accompagne (soit parce qu'il a plus d'autorité légitime, soit parce que vous aurez plus de poids à deux) et suggérer qu'il en soit de même pour l'autre partie.

Par ailleurs, sachez toujours précisément le degré d'autorité que vous avez dans une négociation. Par exemple :

- Êtes-vous autorisé à n'accepter qu'un nombre prédéterminé de points pour lesquels l'approbation du comité a été obtenue ? Qu'en est-il si vous pouvez négocier quelque chose de mieux ? Quelle solution préférerait le comité ?
- Êtes-vous autorisé à accepter un accord qui satisfait certains objectifs financiers, avec la liberté de le finaliser du mieux que vous le pouvez ? Votre entreprise préférerait-elle que vous lui présentiez l'accord pour un examen et une approbation formels ?
- Votre autorité est-elle limitée par un budget, mais non pour des solutions créatives avec peu de conséquences financières ?

> Êtes-vous autorisé à fournir des informations sur les besoins, intérêts et préférences de votre entreprise si l'autre partie amorce une relation honnête et réciproque ?

Il se peut que vous soyez frustré si vous n'avez pas toute l'autorité que vous souhaitez, mais au moins, vous ne dépasserez pas involontairement vos limites. Moins d'autorité est parfois un bien. Revoir plus tard certaines décisions peut être stratégiquement utile et permettre de trouver des solutions plus créatives.

Étape nº 6 : Renseignez-vous au maximum sur les collaborateurs de l'autre partie, leur culture, leurs objectifs, leur conception du problème

Négocier est en réalité une activité relationnelle. Les négociateurs expérimentés le savent et font l'effort d'en apprendre autant que faire se peut sur les personnes avec qui ils doivent traiter. Qui sont ces individus assis de l'autre côté de la table ? Sont-ils des négociateurs chevronnés ou novices ? Sont-ils agressifs ou conciliants ? La culture de leur entreprise est-elle bureaucratique ou entrepreneuriale ? Les personnes présentes à la table des négociations sont-elles autorisées à conclure un marché, ou doivent-elles en référer à leur responsable pour son approbation ? Peut-être plus important encore, que tentent-elles d'obtenir et dans quelle mesure cette négociation est-elle capitale pour leur entreprise ? Apporter des réponses à ces questions fait partie de la préparation et devrait se poursuivre à la table des négociateurs. Vous devriez, par exemple, demander à la partie adverse de vous fournir les noms et les titres de ses négociateurs. Une fois qu'ils vous ont été communiqués, renseignez-vous dans votre entreprise ou dans le secteur d'activité concerné : « Quelqu'un pourrait-il me parler de ces personnes ? Quelqu'un a-t-il déjà eu affaire à elles ? » Connaître leur titre peut vous permettre de savoir si elles pourront conclure elles-mêmes l'accord.

Les négociateurs expérimentés font l'effort d'en apprendre autant que possible sur les personnes avec qui ils doivent traiter

Étape n° 7 : Préparez-vous à faire preuve de souplesse et non d'intransigeance

Faire preuve de souplesse est primordial

Les négociations n'empruntent pas toujours un chemin prévisible ou linéaire. Parfois, les relations se dégradent. À la suite de changements imprévus, une partie peut se retirer ou mettre fin aux discussions. La partie adverse peut découvrir de nouvelles opportunités, ce qui peut l'inciter à négocier âprement. Ou encore, un négociateur peut être remplacé par un autre. En raison de ces évolutions possibles, les parties doivent être prêtes à avancer sans une feuille de route bien définie. Elles doivent également faire preuve de patience, car de nombreuses négociations se font progressivement, avec tantôt un pas en avant, tantôt un pas en arrière. Les managers qui ont gagné leurs galons à des activités de production (où « Faisons ce que l'on a à faire maintenant » est le mot d'ordre) ne sont naturellement pas enclins à se montrer patients. C'est pourtant une qualité indispensable en négociation.
Voici quelques astuces pour être plus souple lors des débats :

- présupposez tout d'abord que le processus ne se déroulera pas de manière prévisible et linéaire ;
- attendez-vous à des changements des deux côtés : de nouvelles personnes et des évolutions inattendues ;
- considérez chaque changement comme une opportunité d'apprendre.

Faire preuve de souplesse est primordial, mais soyez souple dans le cadre de votre objectif plus général. Si, par exemple, votre objectif est d'acquérir une entreprise, il faut que celui-ci demeure votre priorité. Modifiez le rythme selon les besoins. Montrez-vous patient en cas de retards inattendus. Mais il ne faut jamais que ces accidents de parcours vous fassent perdre de vue votre objectif.

Étape n° 8 : Recherchez des critères objectifs et équitables

Aucune partie ne devrait avoir le sentiment d'avoir été contrainte de passer un accord désavantageux

Chaque partie souhaite que tout accord conclu soit juste et raisonnable. Si les parties veulent établir une relation durable, ces deux qualités sont cruciales. Aucune partie ne devrait avoir le sentiment d'avoir été contrainte de passer un accord désavantageux.
On peut souvent s'appuyer sur des critères externes ou « objectifs » pour établir ce qui est juste et légitime. Par exemple, vous pourriez argumenter de la sorte :

J'ai passé un certain temps à me renseigner sur les pratiques en matière de commission dans les agences immobilières de cette ville. Comme vous pouvez le voir, pour des propriétés estimées entre 1 et 3 millions d'euros, la commission varie de 3 à 5 %, avec une moyenne de 4,4 %. Ainsi, nous pensons que notre offre d'une commission de 4,5 % est à la fois juste et raisonnable.

Comme il y a, en général, de nombreux critères pertinents pour déterminer ce qui est juste et raisonnable, une étape essentielle de la préparation consiste à :

> déterminer les critères objectifs qui devraient sous-tendre l'accord ;

> vous préparer à expliquer pourquoi les critères qui vous sont le plus favorable sont les plus pertinents ;

> être capable de justifier pourquoi ceux qui vous sont le moins favorable sont les moins pertinents.

Si vous parvenez à convaincre l'autre partie qu'un critère est juste, il lui sera difficile de refuser une proposition qui s'appuie sur ce critère et, en outre, votre interlocuteur sera probablement satisfait par cet accord.

Étape n° 9 : Modifiez le processus en votre faveur

Avez-vous déjà eu le sentiment que vos idées n'étaient pas prises en compte pendant les réunions ou au cours de négociations formelles ? Est-il déjà arrivé que, lors de ces rencontres, des arrangements aient été bricolés pour obtenir un certain résultat, et ce malgré votre contribution ou celle des autres ? Si c'est le cas, voici des explications possibles :

> la personne qui a défini l'ordre du jour avait une idée derrière la tête (qui profite à cette personne ou à son entreprise) ;

> les individus s'inclinent devant une personne qui a de plus grandes responsabilités, aussi pertinents puissent être vos arguments ;

> vous prêchez dans le désert et n'êtes pas en phase avec vos interlocuteurs.

N'importe laquelle de ces situations peut vous exclure des négociations et orienter les résultats dans une direction préférée – sinon truquée – par un autre. Pour éviter cela, cherchez à modifier le processus à l'écart des négociations. Comme l'expliquent Deborah Kolb et Judith Williams, « les évolutions de processus ne résolvent pas les principaux problèmes d'une négociation ». Elles ont davantage une incidence directe sur la perception de ces problèmes. « L'ordre du jour, le travail de préparation, l'enchaînement des idées et

Cherchez à modifier le processus à l'écart des négociations

des interventions des différents participants – tous ces éléments structurels influencent la réceptivité des autres aux arguments et aux requêtes[3]. »

Si vous vous intéressez à l'actualité internationale, vous avez sans doute remarqué que les diplomates expérimentés n'abordent pas immédiatement les problèmes liés aux conflits internationaux. Au contraire, ils passent des mois à se mettre d'accord sur le lieu de la rencontre, sur les participants et même sur la forme de la table des négociations. Il s'agit là d'évolutions de processus et, pour se préparer efficacement, il faut prêter attention à ces questions « hors-table ». Kolb et Williams prodiguent ces conseils à ce sujet :

> **Travaillez en coulisses pour informer vos interlocuteurs de vos idées.** Une réunion formelle n'est pas toujours le lieu idéal pour faire un exposé détaillé ou pour dialoguer sur un sujet complexe – surtout lorsque c'est la partie adverse qui décide de l'ordre du jour. Ainsi, informez les autres participants en tête à tête, en dehors des réunions officielles. Intéressez-vous surtout aux personnes influentes et respectées. Persuadez-les que vos idées sont pertinentes et assurez-vous de leur soutien quand vos adversaires essaieront de ne pas tenir compte de votre position au cours des réunions. Mieux encore, formez une coalition en dehors des négociations ;

> **Recadrez le processus.** Si vous avez été mis à l'écart au cours de plusieurs réunions ou négociations, le processus en est peut-être la raison. Voyez cet exemple : une chef de service exubérante a organisé une réunion en l'orientant sur son besoin de ressources supplémentaires (qui seront prises sur celles de votre service). Elle est prête à se battre pour obtenir le maximum qu'elle peut, convaincue que les autres personnes présentes à la réunion seront neutres, car elles ne sont pas concernées. Vous pouvez riposter en recadrant la discussion de « ses besoins » vers « les besoins de l'entreprise ». Vous paraîtrez ainsi réfléchi et pondéré et cela aidera les autres à reconnaître que cette appropriation des ressources par la chef de service les affectera également. (Nous reparlerons plus en détail du cadrage au chapitre suivant.)

Lorsque vous préparez une négociation, vous devez admettre que vous n'apprendrez jamais autant d'informations que vous le souhaiteriez. Vous serez toujours limité par le temps, le coût des informations dont vous avez besoin (qu'elles concernent les enjeux ou vos interlocuteurs), ainsi que par le fait que certaines informations seront délibérément dissimulées. C'est pourquoi il faut vous attendre à apprendre des choses également au fur et à mesure que les négociations avancent.

3 KOLB Deborah et WILLIAMS Judith, « Breakthrough Bargaining », *Harvard Business Review*, février 2001, p. 93.

L'ESSENTIEL

Si votre objectif est de devenir un bon négociateur, prenez le temps nécessaire et faites les efforts indispensables pour bien vous préparer. Ce chapitre vous a proposé neuf étapes préparatoires :

1. Déterminez ce qui serait une bonne issue de votre point de vue, mais aussi de celui de l'autre partie.

2. Cherchez à créer de la valeur.

3. Définissez votre MESORE et votre prix de réserve. Tâchez d'évaluer ceux de l'autre partie.

4. Si votre MESORE n'est pas solide, cherchez à l'améliorer.

5. Essayez de savoir si la personne ou l'équipe avec laquelle vous traiterez détient le pouvoir de conclure un accord.

6. Apprenez à connaître vos interlocuteurs. Renseignez-vous autant que possible sur vos adversaires, leur culture et leur conception du problème.

7. Si vous tenez à établir une relation durable avec l'autre partie, définissez les critères objectifs qui étaieront le caractère juste et légitime de votre offre.

8. Ne vous attendez pas à un cheminement linéaire jusqu'à la conclusion de l'accord. Vous rencontrerez certainement des obstacles sur votre route et connaîtrez des imprévus.

9. Modifiez l'ordre du jour et le déroulement des négociations en votre faveur.

4

Les tactiques de négociation

Comment jouer le jeu avec brio ?

Les notions clés au programme de ce chapitre :

- **Amener l'autre partie à négocier.**
- **Prendre un bon départ.**
- **Tirer parti du pouvoir de l'ancrage.**
- **Faire des concessions.**
- **Assimiler les tactiques indispensables pour gérer les négociations conflictuelles (gagnant perdant).**
- **Intégrer des tactiques d'ordre général : le cadrage et l'évaluation permanente.**

La plupart des débutants ont de vives inquiétudes avant le début des négociations. Doivent-ils être intransigeants ou coopératifs ? Doivent-ils se montrer fermes sur leur prix ou être prêts à faire des concessions ? Vaut-il mieux se battre pour obtenir le maximum possible ou rechercher une issue équitable ? Devraient-ils faire la première offre ou attendre de faire une contre-proposition ? Ce chapitre aborde tous ces sujets et d'autres questions tactiques utiles dans le cadre des négociations coopératives et conflictuelles[1], en étudiant en premier lieu les stratégies que vous pouvez utiliser pour lancer les négociations, c'est-à-dire pour faire en sorte que la partie adverse participe aux débats.

Amenez l'autre partie à négocier

Être disposé à négocier, c'est reconnaître l'existence d'un besoin mutuel

Avant d'évoquer les tactiques* de négociation à proprement parler, voici quelques stratégies qui permettent d'impliquer l'autre partie dans les pourparlers. Dans de nombreux cas, il se peut que vous ayez envie de négocier certaines questions, mais que cela n'aboutisse pas, car une ou plusieurs parties, satisfaites de la situation actuelle, n'y voient tout simplement pas d'intérêt. En outre, si elles jouissent d'une autorité plus grande que la vôtre, elles peuvent repousser vos propositions avec ce genre de remarques : « Tout va bien ; je ne vois aucune raison de changer les choses » ou « Nous sommes tellement occupés avec le budget en ce moment que je ne pourrais pas étudier cela avant le printemps. »

Dans leur article paru dans la *Harvard Business Review*, Deborah Kolb et Judith Williams expliquaient que « ce genre de résistance est normale dans un processus de négociation informelle. Un problème ne sera pris en compte que si l'un des partenaires est persuadé de deux choses : que l'autre partie possède quelque chose dont il a envie et que ses objectifs ne seront pas servis s'il ne donne rien en retour. Être disposé à négocier, c'est donc reconnaître l'existence d'un besoin mutuel[2]. »

Plus précisément, les réfractaires doivent en arriver à la conclusion qu'ils seront en meilleure posture s'ils négocient et dans une moins bonne posture s'ils ne négocient

1 Adapté du module de négociation de Harvard ManageMentor, un service en ligne de Harvard Business School Publishing.

2 KOLB Deborah et WILLIAMS Judith, « Breakthtrough Bargaining », *Harvard Business Review*, février 2001, p. 93.

pas. Kolb et Williams suggèrent trois solutions pour faire en sorte que les personnes réticentes parviennent à cette conclusion :

> **Identifiez les motivations de l'autre partie.** Quels sont les besoins de la personne réticente : de l'argent, du temps, votre aide ? Analysez ses besoins, puis présentez-les comme les bénéfices potentiels des négociations. Par exemple, si le directeur commercial est peu disposé à vous accorder du temps pour repenser le système de gestion des stocks, expliquez-lui que l'amélioration de ce système permettra de résoudre l'un de ses problèmes : les ventes perdues à cause des ruptures de stock ;

> **Chiffrez la situation actuelle.** Précisez combien cela coûterait de ne pas négocier. Kolb et Williams citent l'exemple d'une femme à qui le manager, suite à une promotion, a assigné des tâches supplémentaires, mais reportait sans cesse toute discussion concernant son augmentation. Mécontente, elle a trouvé un moyen d'attirer son attention : une autre entreprise lui a fait une offre. Son manager s'est soudain empressé de s'occuper de cette augmentation attendue depuis longtemps. Il a dû négocier plutôt que d'affronter le processus chronophage et coûteux que représente le remplacement d'une collaboratrice efficace. Autrement dit, il a compris le prix du statu quo ;

> **Assurez-vous du soutien des autres.** Les alliés peuvent parfois réussir là où certaines mesures que vous avez prises ont échoué. Par exemple, si le directeur commercial cité précédemment continue de refuser de vous dégager du temps pour améliorer le système de gestion des stocks, recherchez des alliés qui ont non seulement de l'influence dans l'entreprise, mais aussi une raison de soutenir votre objectif. La directrice financière, par exemple, appuiera sans doute tout projet permettant d'améliorer la gestion des stocks. Elle sait qu'une meilleure gestion, ce sont des besoins en fonds de roulement moins importants, ce qui l'arrangerait. Une fois que le directeur commercial aura compris que ce problème est remonté jusqu'à la direction, il acceptera sans doute la négociation.

Grâce à une ou plusieurs de ces tactiques, l'autre partie percevra l'utilité de négocier avec vous.

Prenez un bon départ

Après être parvenu à ce que l'autre partie accepte de négocier, il est capital d'initier les négociations sans heurt. Cela passe déjà par la réduction des tensions souvent présentes. Dans vos remarques introductives, essayez de soulager cette tension :

- en montrant votre respect pour l'expérience et l'expertise de votre interlocuteur ;
- en présentant les négociations de manière positive, comme un effort commun ;
- en soulignant que vous vous souciez des intérêts et préoccupations de l'autre partie.

Quelques conseils pour donner le ton

Le contexte des négociations peut influer sur le niveau de tension et d'ouverture d'esprit qui prévaut. Si vous souhaitez atténuer la tension et rechercher la coopération, suivez ces recommandations :

- ne sous-estimez jamais la valeur de « rompre le pain ». Dans presque toutes les cultures, rompre le pain est un signe d'amitié. Ainsi, mettez à disposition café, jus de fruits et amuse-gueules ;
- au début de la réunion, parlez de la pluie et du beau temps pour apaiser les tensions, dissiper la méfiance naturelle des participants et commencer à bâtir une relation. Même dans une négociation gagnant perdant, parler de banalités permet aux différentes parties de mieux se connaître et de jauger la sincérité de l'autre. Cela peut aussi détendre les participants et les inciter à rechercher des possibilités de création de valeur ;
- tirez parti de ce que ces petites discussions vous apprendront sur le style de l'autre négociateur ;
- s'il est très formel, n'utilisez pas un langage trop familier : il pourrait interpréter cela comme un manque de sérieux de votre part. S'il est tout à fait familier, parlez de manière aussi familière que lui, en ayant recours par exemple à des métaphores avec lesquelles il est à l'aise.

Après ces remarques introductives, passez à l'ordre du jour et assurez-vous que toutes les parties comprennent de la même façon les questions à traiter. Puis, expliquez comment la réunion se passera, d'autant plus que les individus ont souvent une vision différente du déroulement des négociations. Certains supposent qu'il y aura du marchandage. D'autres s'attendent à ce que des propositions soient formulées dès le début, tandis que d'autres encore pensent que la réunion commencera par un débat ouvert. Soyez attentif aux attentes de l'autre partie concernant le déroulement des négociations – cela vous informera grandement sur son style de négociation. Proposez d'exposer en premier quelques-uns de vos intérêts et préoccupations. Cela montre que vous êtes disposé à révéler des informations, pourvu que cela soit réciproque. Si l'autre partie n'offre pas d'informations en retour, soyez très prudent avant d'en fournir d'autres.

Des tactiques pour les négociations conflictuelles

Dans le cadre des négociations conflictuelles, comme nous l'avons vu au chapitre 1, chaque gain pour l'une des parties constitue une perte pour l'autre. Toutes les négociations n'opposent pas directement une partie à une autre, mais c'est le cas de beaucoup. Les tactiques décrites dans cette section vous aideront à réussir davantage dans cette situation.

L'ancrage

L'ancrage*, c'est chercher à établir un point de référence à partir duquel seront apportés des ajustements. Dans certains cas, vous pouvez être avantagé si vous êtes le premier à mettre une offre sur la table. La première offre peut constituer un fort point d'ancrage psychologique : elle devient le point de référence des tractations à venir. Comme l'ont décrit Max Bazerman et Margaret Neale, les positions initiales « ont une incidence sur l'idée que chaque partie se fait des issues possibles[3] ». Voici un exemple :

La première offre peut constituer un fort point d'ancrage psychologique

> *Jacques vend sa maison sur le lac des Daims. Elle a du style, elle est très bien équipée et une grande partie du terrain donne sur le lac. « Si je peux en obtenir 350 000 €, je serais satisfait. Si ce n'est pas possible, je la garderai encore un an. » Son agent immobilier lui a suggéré de mettre la maison en vente à 395 000 €, ce qu'il a fait.*
> *Dans les semaines qui ont suivi, le prix proposé par Jacques est devenu le point d'ancrage des négociations avec quatre acheteurs potentiels, tous originaires d'une autre région. Trois personnes ont fait une proposition légèrement inférieure (370 000 €, 375 000 € et 390 000 €), espérant trouver un accord intermédiaire avec Jacques. La quatrième personne, pressentant une concurrence intense pour cette maison pour laquelle elle a eu un coup de cœur, a proposé de payer le prix de vente affiché.*

Cet exemple met en évidence l'effet de l'ancrage. En l'occurrence, la première partie à mettre un prix (ou à proposer un lot) sur la table s'assure un important avantage psychologique. En réalité, les études montrent que l'issue d'une négociation est souvent liée à la première offre.

3 BAZERMAN Max et NEALE Margaret, *Negotiating Rationally*, New York, Free Press, 1992, p. 23.

La meilleure garantie contre un point d'ancrage inadapté est la préparation préalable aux négociations

Quand devriez-vous « ancrer » ? Il peut être stratégiquement pertinent de le faire lorsque vous avez une idée assez juste du prix de réserve de l'autre partie. Si vous n'avez aucune certitude à ce sujet, vous pourriez encourager votre interlocuteur à faire le premier pas.

Où devriez-vous placer votre point d'ancrage ? Dans une négociation où s'approprier le maximum de valeur est l'objectif principal, votre première offre ou proposition devrait être égale ou légèrement supérieure à ce que vous croyez être le prix de réserve de l'autre partie, que vous pouvez définir d'après vos recherches préalables à la négociation ou en vous renseignant directement auprès de l'autre partie. Ainsi, si vous aviez une idée du prix de réserve de Jacques (350 000 €), vous auriez pu faire une première offre à 325 000 € et lui permettre de marquer quelques points en négociant jusqu'à 350 000 € (en supposant que cette somme représente pour lui un prix juste et acceptable).

Où que vous placiez le point d'ancrage, préparez-vous à expliquer pourquoi votre offre ou proposition est raisonnable ou légitime. « Je pense que notre prix de départ de 395 000 € est entièrement justifié par les qualités exceptionnelles de cette propriété, sa situation et la très grande qualité du travail artisanal réalisé dans cette maison. Vous constaterez que les propriétés similaires de cette région se vendent plus ou moins à ce prix. »

Cependant, créer un point d'ancrage grâce à un prix (ou une proposition) présente deux risques. Premièrement, si vous êtes trop exigeant, l'autre partie peut penser qu'il sera impossible de conclure un accord avec vous. Elle peut également se sentir insultée par votre offre. Deuxièmement, si vous avez mal estimé le prix de réserve de l'autre partie, votre offre se situera en dehors de la zone d'accord possible. Si vous vous exposez à l'un de ces risques, trouvez des arguments en faveur de votre changement de position pour une offre moins élevée. « Comme le propriétaire souhaite conclure la vente le plus tôt possible, il m'a autorisé à descendre le prix à... »

Mettre un prix ou une proposition sur la table n'est pas la seule manière de prendre l'avantage. Si vous pouvez définir les enjeux, établir l'ordre du jour ou imposer votre cadre théorique lors du débat, vous bénéficiez d'un avantage indéniable qui vous sera tout aussi favorable. Les négociations emprunteront alors le chemin que vous avez déterminé.

La meilleure garantie contre un point d'ancrage inadapté est la préparation préalable aux négociations, comme il en a été question dans le chapitre précédent. Si vous vous préparez bien, il est peu probable que vous optiez pour un point d'ancrage qui vous obligera honteusement à battre en retraite.

Le contre-ancrage

Si l'autre partie lance la première offre, vous devriez résister au pouvoir d'ancrage psychologique que représente cette offre. Souvenez-vous que les points d'ancrage sont plus puissants lorsque l'incertitude est très élevée (par exemple, quand personne ne connaît précisément le prix d'une entreprise ou d'un produit). Quand personne n'a d'idée concernant le prix approprié, cela ne rime à rien de s'attribuer le mérite de la première offre.

Ne laissez pas l'autre partie définir la marge de négociation avec un point d'ancrage

Vous pouvez réduire le pouvoir d'ancrage de l'autre partie en atténuant l'incertitude qui entoure le problème. Cela implique de recueillir des informations objectives et de les soumettre à la table des négociations.

Ne laissez pas l'autre partie définir la marge de négociation avec un point d'ancrage, à moins que vous ne pensiez qu'il s'agisse d'un point de départ raisonnable. Si vous estimez que le point d'ancrage implique un point de départ défavorable ou inacceptable, détournez la conversation des chiffres et des propositions. Recentrez-la sur les intérêts, les préoccupations et les généralités. Puis, après un certain temps, une fois que d'autres informations ont été échangées, mettez votre chiffre ou proposition sur la table et appuyez-le (la) à l'aide de solides arguments.

Illustrons ceci en reprenant l'exemple de Jacques et de sa maison au bord du lac. Mais cette fois, supposons qu'un seul acheteur potentiel se fait connaître : Charlotte.

L'agent immobilier vient d'évaluer la résidence secondaire de Jacques à 395 000 €, convaincu que ce chiffre représentera un solide point d'ancrage pour toutes les offres à venir. Mais Charlotte surveille le marché des maisons du lac des Daims depuis deux ans, elle est donc parfaitement au courant des prix actuels et de ceux auxquels se sont vendues des dizaines de maisons pendant cette période.

Lors de son premier rendez-vous avec l'agent immobilier de Jacques, Charlotte lui explique qu'elle observe les prix de l'immobilier du lac des Daims et des lacs avoisinants depuis deux ans. Sans jamais faire référence au prix demandé par Jacques, elle cite trois ventes de propriétés comparables qui ont eu lieu cette année sur le lac, indiquant que ces propriétés ressemblaient plus ou moins à celle de Jacques.

« Ces trois biens sont très comparables en termes de longueur de rive, de superficie et des caractéristiques de la maison, dit-elle à l'agent tout en lui montrant les descriptifs des maisons. Ils ont été vendus au cours des dix derniers mois pour 325 000 €, 330 000 € et 345 000 €. En prenant en compte l'inflation, j'en conclus que la propriété de votre client vaut 350 000 € tout au plus, somme que je suis prête à vous offrir aujourd'hui. »

Dans cet exemple, Charlotte a défini elle-même son point d'ancrage. Au lieu de se fixer sur ce que Jacques attendait de la négociation, elle a ignoré son prix initial et lui en a substitué un nouveau en s'appuyant sur les données du marché. Ces données pertinentes ont conféré à son point d'ancrage une plus grande autorité que celui de Jacques, ce qui permet de l'écarter plus facilement. En l'absence d'autres acheteurs (en particulier d'acheteurs qui se sont préparés), Jacques et son agent ont dû faire affaire avec Charlotte en respectant ses termes à elle. Elle a efficacement remplacé le point d'ancrage de Jacques par le sien.

Il faut éviter les comparaisons directes entre l'offre initiale de l'autre partie et la vôtre

La leçon de cette anecdote est qu'il faut éviter les comparaisons directes entre l'offre initiale de l'autre partie et la vôtre. Si l'offre initiale n'est pas sérieuse ni réaliste, vous pouvez passer outre ; il y a de fortes chances pour que l'autre partie ne revienne pas dessus. Si l'offre initiale est sérieuse et que l'autre partie s'y réfère à nouveau, vous devriez lui demander, avec tact, de vous expliquer en quoi cette offre est raisonnable. « Pourquoi demandez-vous 395 000 € sur ce marché de l'immobilier ? Comment justifiez-vous ce prix ? »

Les concessions

Une fois le point d'ancrage posé, les parties échangent des propositions et contre-propositions qui permettront de conclure, espèrent-elles, un prix ou un ensemble d'arrangements favorable. Par exemple, si Charlotte avait offert 350 000 € pour la maison de Jacques, ce dernier répondrait très certainement, par l'intermédiaire de l'agent immobilier, par une contre-proposition, disons de 385 000 €.

« Charlotte, nous apprécions vos recherches sur les récentes ventes de propriétés sur le lac, mais nous pensons que les propriétés qui vous ont servi de points de repère ne ressemblent pas tout à fait à celle de Jacques. En effet, il y a ce grand ponton et cet abri à bateaux – et la maison en elle-même vient d'être rénovée. Si l'on tient compte de ces critères, nous pensons que la propriété de Jacques vaut beaucoup plus que votre offre et que d'autres

acheteurs seront d'accord avec nous. Cependant, afin de finaliser cette vente, Jacques est prêt à baisser son prix de 10 000 €, soit 385 000 €. »

Les experts en négociation voient, en général, dans une concession importante la possibilité d'une grande souplesse à venir, voire la preuve qu'ils pourront obtenir beaucoup plus. Si vous faites une concession importante, l'autre partie pensera que vous pouvez faire d'autres concessions tout aussi importantes. Ainsi, il se peut que Charlotte pense : « Si, comme première contre-proposition, Jacques est prêt à descendre de 10 000 €, il est sans doute prêt à baisser le prix d'encore 10 000 €. » En revanche, une petite concession indique généralement que l'offre approche le prix de réserve de la partie adverse et qu'en allant plus loin, on obtiendra des concessions de plus en plus petites.

Les experts en négociation voient dans une concession importante la possibilité d'une grande souplesse à venir

Mais cela n'est pas toujours vrai, surtout quand l'autre partie n'est pas pressée et qu'elle est convaincue que les autres négociateurs peuvent proposer des prix ou conditions attractifs, c'est-à-dire quand elle a une MESORE solide. Cela peut être le cas dans notre exemple. Une concession de 10 000 € n'est pas une énorme concession pour Jacques, puisque l'offre de Charlotte reste bien au-dessus du prix de réserve de 350 000 € qu'il s'était fixé. Nous pouvons imaginer ce que Jacques dirait à son agent immobilier au téléphone :

« Je suis content que nous ayons déjà une offre à 350 000 €. Cela pourrait me convenir. Mais il se peut que nous obtenions une meilleure offre, soit de Charlotte, soit d'un autre acheteur. En fait, je m'attendrais à ce que Charlotte monte jusqu'à 360 000 €. Si elle le fait, devrions-nous chercher à obtenir un peu plus ? Devrions-nous dire : "Pour 365 000 €, l'affaire est conclue" ? Ou devrions-nous mettre de côté son offre en en attendant une meilleure ? »

Jacques ne sait pas jusqu'où il peut aller avec Charlotte, car il ne connaît pas sa MESORE, ni son prix de réserve. S'il pouvait les évaluer avec certitude, il pourrait négocier plus âprement. En l'occurrence, la MESORE de Charlotte peut correspondre au prix de propriétés similaires sur le lac ou sur d'autres lacs voisins. Il pourrait demander à son agent immobilier de faire la liste des propriétés de la région analogues à la sienne. Cela pourrait correspondre aux solutions de repli de Charlotte.

En matière de concessions, le meilleur conseil que l'on puisse donner est d'éviter d'en faire de manière impulsive. Comme peu d'entre nous aiment négocier, nous voulons en terminer le plus vite possible. En outre, parce que nous vivons en société, nous souhaitons être reconnus et appréciés par nos pairs comme des personnes douées de raison. La conséquence, c'est que les négociateurs inexpérimentés ont trop souvent tendance à faire des concessions. Si c'est votre cas, voici quelques conseils :

> **Songez à votre MESORE avant de faire une concession.** Si celle-ci est très solide (surtout par rapport à celle de l'autre partie), une concession n'est peut-être pas nécessaire pour conclure le marché.

> **Si vous êtes impatient d'en terminer car négocier est stressant, faites une pause.** Si l'autre partie s'attend à une concession de 10 000 € sur le prix de la maison que vous vendez, demandez-vous combien il vous a été difficile de gagner cette somme. Pensez aux choses agréables que vous pourriez accomplir avec ces 10 000 € que l'autre partie aimerait vous retirez. Demandez-vous : « Être un peu moins stressé vaut-il 10 000 € ? ».

> **Si votre besoin d'être apprécié ou d'être vu comme une personne conciliante vous presse de faire une concession, ressaisissez-vous et oubliez cette idée.** Votre interlocuteur risque de vous prendre pour une bonne poire si vous lui cédez trop facilement. Souvenez-vous également que conclure un marché et se faire des amis sont deux choses tout à fait différentes.

Le facteur temps

Dans une négociation entre un acheteur et un vendeur, comme dans l'exemple de Jacques et Charlotte, le temps peut être un outil essentiel. Du point de vue de l'acheteur, le vendeur ne devrait jamais avoir le sentiment qu'il peut mettre indéfiniment en attente la dernière offre de l'acheteur, dans l'espoir d'une meilleure offre. Le vendeur utilisera simplement l'offre pour améliorer sa MESORE. La solution est d'attribuer une date d'expiration à l'offre d'achat. Les négociateurs appellent parfois cette tactique l'« offre limitée dans le temps ». Si Charlotte décidait de contrer la dernière offre de Jacques (385 000 €) avec une proposition à 360 000 €, elle pourrait préciser que « cette offre est valable jusqu'au 23 septembre, 21 h ». Cette date d'expiration mettrait la pression à Jacques et le forcerait à prendre une décision. En l'absence de date d'expiration, Jacques se dirait tout simplement : « Maintenant que j'ai une option pour vendre à 360 000 €, je peux attendre une meilleure offre. »

Le temps peut être un outil essentiel

Les propositions de lots

Imaginer des propositions alternatives (deux ou plus) est souvent une tactique efficace. Voyez cet exemple :

Martin négocie avec Louis et Cécile l'achat de leur petit voilier et de leur remorque. La remorque est de peu d'importance pour Martin, car il souhaite se procurer un mouillage permanent. Mais elle pourrait lui être utile si jamais il a besoin un jour de remorquer le bateau. Il fait donc des propositions alternatives : « Je suis prêt à payer 18 000 € pour le lot bateau plus remorque, ou 16 000 € pour le bateau uniquement. Vous pourriez vendre la remorque séparément. Qu'est-ce que vous préférez ? »

Une seule proposition peut être perçue comme un ultimatum

Proposer des lots présente deux avantages. Premièrement, les individus n'aiment pas se sentir acculés. Une seule proposition peut être perçue comme un ultimatum – c'est à prendre ou à laisser. Mais quand on leur présente des propositions alternatives, les négociateurs peuvent comparer les propositions entre elles, plutôt qu'à leurs objectifs de départ. De plus, quand l'autre partie refuse de parler de ses intérêts, vous pouvez souvent les deviner d'après la proposition qu'elle préfère.
Toutefois, avant de formuler des propositions alternatives, pensez à :

- estimer la valeur de chaque solution pour chaque partie ;
- vous demander si la diminution du prix d'une option serait compensée par l'augmentation du prix d'une autre ;
- si vous préférez l'une des alternatives, ajuster au moins une des propositions afin que vous soyez tout autant satisfait par au moins deux d'entre elles.

Conclure l'affaire

En supposant que tout se passe bien, arrivera un moment où vous serez plutôt satisfait de la négociation et voudrez finaliser les choses. Il se peut que l'autre partie en soit ou n'en soit pas au même point. Voici quatre étapes recommandées pour conclure l'affaire :

1. Signalez la fin du voyage avant d'arriver sur la terre ferme. Si vous avez fait des propositions et contre-propositions, avez fait preuve de souplesse sur divers sujets et annoncez soudain que c'est votre dernier mot, vous risquez de ne pas être pris au sérieux et de vous retrouver en difficulté. Par conséquent, lorsque vous approchez de ce que vous aimeriez être l'accord final, dites-le. N'hésitez pas à le répéter, non pas pour menacer, mais par courtoisie, notamment si l'autre négociateur semble s'attendre à d'autres évolutions en sa faveur ;

2. Accordez-vous un peu de souplesse si vous prévoyez d'aller plus loin que la phase finale. Si vous savez que l'autre négociateur n'est pas celui qui décidera en fin de compte, laissez-vous une marge de manœuvre pour revenir sur les conditions définitives. Plus précisément, ne donnez pas à l'autre partie votre meilleure et dernière offre – gardez-la au cas où vous deviez fléchir pendant le round final. Toutefois :

- ne montrez pas trop de souplesse au point que l'accord soit rejeté par le décisionnaire de l'autre partie,
- envisagez quel accord final vous seriez prêt à accepter si vous demandez plus tard d'importantes modifications dans les termes finaux ;

3. Dissuadez l'autre partie de rechercher des concessions supplémentaires. Si vous pensez avoir atteint un accord final qui est acceptable pour l'autre partie (et qui peut-être vous est aussi favorable), ne permettez pas que de nouvelles discussions s'engagent afin qu'elle obtienne de nouvelles concessions de votre part :

- montrez que vous êtes disposé à accepter tout l'accord en l'état,
- expliquez que l'ajustement d'une clause en sa faveur devra être compensé par l'ajustement d'une autre clause en votre faveur. Par exemple, « Si nous ouvrons ce sujet, alors j'ai bien peur que nous devions revoir tout l'accord pour que je l'accepte » ;

Écrivez un accord de principe informel

4. Rédigez les termes noir sur blanc. Si les négociations se sont bien passées, ne risquez pas de ruiner tous vos efforts en ne fixant pas par écrit votre accord et en ne le signant pas. Inéluctablement, chaque négociateur aura un souvenir différent de l'accord ; rédiger les termes de celui-ci évite les conflits et les confusions. Cela met également un point final aux négociations.

Même si un avocat rédigera les documents officiels, écrivez un accord de principe informel. Décidez si cet accord est exécutoire ou non et consignez-le dans le document. Même si votre accord informel n'est pas exécutoire, il servira de référence commune aux deux parties lorsque des questions de bonne foi seront ultérieurement soulevées.

Des tactiques pour les négociations coopératives

Les négociations coopératives, décrites dans le chapitre 1, correspondent aux négociations pour lesquelles les parties agrandissent les parts du gâteau en recherchant des accords. Ces négociations requièrent des tactiques différentes de celles des négociations conflictuelles, à commencer par une introduction plus lente et plus exploratoire. Elles s'appuient sur une collaboration plus étroite et un plus grand échange d'informations. Contrairement aux tactiques pour les négociations gagnant perdant, où l'accent est mis sur la revendication de valeur, les négociations coopératives visent à créer, mais aussi à se partager la valeur.

Bien commencer les négociations

Ne faites pas de proposition trop rapidement

Pour amorcer vos négociations, ne commencez pas avec des chiffres. Préférez davantage discuter et écouter. Suivez les recommandations données dans la section « Prenez un bon départ » (p.59) et l'encadré « Quelques conseils pour donner le ton » (p. 60). Elles s'appliquent également dans ce cas. Formulez la tâche positivement, comme un effort commun qui devrait bénéficier aux deux parties. Mettez en avant le fait que vous vous souciez des intérêts et préoccupations de votre interlocuteur.
Vous apprendrez au fur et à mesure de la négociation des choses sur ses préoccupations et intérêts, donc ne faites pas de proposition trop rapidement ; en faisant une offre prématurément, vous ne tirerez pas profit des informations que vous glanerez pendant le processus de négociation lui-même. Si vous êtes l'acheteur, de telles informations pourraient vous renseigner sur la situation financière désespérée du vendeur, ce qui vous inciterait par conséquent à faire une offre de départ plus basse que celle que vous auriez faite autrement. Ou, au contraire, ces informations pourraient vous apprendre que le vendeur n'est pas désespéré du tout, ce qui vous éviterait alors de faire une offre de départ basse pouvant être vécue comme insultante par le vendeur.

Au lieu de vous empresser de faire une offre, essayez ces techniques :

- posez des questions ouvertes sur les besoins, intérêts, préoccupations et objectifs de l'autre partie ;
- cherchez à savoir si celle-ci est disposée à sacrifier une chose pour une autre. Par exemple, « Qu'est-ce qui vous importe le plus : X ou Y ? » ;
- renseignez-vous sur les intérêts implicites de l'autre partie en demandant pourquoi certaines conditions (comme une certaine date de livraison) lui tiennent à cœur ;
- écoutez attentivement les réponses de la partie adverse, sans l'interrompre pour l'interroger, la corriger ou protester ;
- pratiquez l'écoute active. Plus votre interlocuteur parlera, plus vous obtiendrez des informations ;
- montrez que vous comprenez son point de vue, ses besoins et ses inté-

rêts. L'empathie est particulièrement importante dans les situations tendues. Cela va plus loin que l'écoute active et indique que vous pouvez comprendre votre interlocuteur et les tensions ou problèmes émotionnels sous-jacents ;

> en fonction de ce que vous apprenez sur l'autre partie, modifiez les suppositions que vous aviez faites sur ses intérêts et sa situation lors de la phase de préparation : elles sont peut-être erronées, auquel cas vous devrez revoir votre stratégie ;

> soyez disposé à parler des besoins, intérêts et préoccupations de votre propre entreprise. Exprimer vos besoins ainsi que vos desiderata (et pourquoi) est tout aussi important qu'écouter attentivement l'autre partie. En réalité, trouver le juste milieu entre l'empathie et l'affirmation de soi est essentiel pour négocier efficacement. Si vous êtes trop empathique et ne vous affirmez pas assez, cela peut nuire à vos intérêts. Si, au contraire, vous vous affirmez trop et n'êtes pas assez empathique, vous risquez de passer à côté d'un accord et d'exacerber les sentiments. Mais n'assaillez pas l'autre partie en lui exposant d'un trait tous vos intérêts et préoccupations ;

Trouver le juste milieu entre l'empathie et l'affirmation de soi est essentiel pour négocier efficacement.

> cherchez à créer un échange d'informations fondé sur la réciprocité. Ne vous montrez pas inflexible sur qui d'entre vous deux sera le premier à poser les questions et à faire part de ses préoccupations. Si l'autre partie semble embarrassée par vos premières questions, parlez de quelques-uns des points qui sont à vos yeux les plus importants – et expliquez pourquoi ;

> poursuivez vos efforts pour construire une relation de confiance, y compris après le début de la négociation. Montrez de l'empathie, du respect et de la politesse tout au long des débats. N'oubliez jamais que votre interlocuteur est un être humain fait de sentiments, de limites et de faiblesses ;

> interdisez-vous les attaques personnelles. N'accusez ou ne rendez personne responsable. Gardez un sens de l'humour ;

> quand un problème semble rendre le négociateur nerveux, reconnaissez le caractère épineux de ce problème ;

> ne vous sentez pas obligé de conclure l'accord trop rapidement. Proposez plutôt des solutions sources d'un gain réciproque.

Quelques conseils pour adopter une écoute active

Il y a une grande différence entre se taire pendant que votre interlocuteur s'exprime et ce que les experts de la communication nomment l'« écoute active ». L'écoute active vous aide à saisir ce que l'autre partie a à dire, tout en montrant que vous êtes attentif et désireux d'écouter ses préoccupations. Voici quelques astuces pour écouter activement, qui vous seront utiles dans toute sorte de négociations :

- ne détournez pas votre regard de votre interlocuteur ;
- prenez des notes si cela vous semble nécessaire ;
- interdisez-vous de penser à autre chose que les propos de votre interlocuteur ;
- résistez à l'envie de formuler votre réponse avant que l'autre n'ait terminé ;
- prêtez attention à son langage corporel ;
- posez des questions afin d'obtenir plus d'informations et inviter votre interlocuteur à poursuivre ;
- répétez avec vos propres mots ce que vous venez d'entendre pour vous assurer d'avoir bien compris et informer votre interlocuteur que vous avez analysé son propos.

Recherchez des solutions exploitant les différences

Pendant la négociation, vous êtes confronté à la position de l'autre partie et, petit à petit, vous comprenez les intérêts qui la sous-tendent. Il faut espérer que l'autre partie comprendra tout autant votre position et vos intérêts. Le défi à présent est de parvenir à une issue qui sert les intérêts de tous. Vous pouvez rechercher cette issue réciproquement satisfaisante dans les différences entre les parties.

Les individus savent intuitivement tirer parti de leurs intérêts communs. Les sources moins évidentes de valeur résident dans les différences entre les parties. En exploitant ces divergences, vous créez de la valeur qu'aucune partie n'aurait pu produire seule. Recherchez en particulier les différences concernant :

> **L'accès aux ressources.** Par exemple, Marie, qui possède une boutique ainsi qu'un restaurant, négocie avec un décorateur d'intérieur pour la rénovation de son restaurant. Elle accepte de payer un prix un peu plus élevé que prévu pour la rénovation et, en échange, le décorateur, qui bénéficie d'une remise en tant que professionnel, commande des meubles et des accessoires pour la boutique. La propriétaire n'aurait pas eu accès à de telles remises – qui, par ailleurs, ne coûtent rien au décorateur. La valeur a été créée pour les deux parties.

> **Des attentes pour le futur.** Par exemple, le propriétaire actuel d'une entreprise la met en vente. Il exige un prix élevé, car il prévoit que le marché pour son produit connaîtra une expansion dans le futur. L'acheteuse potentielle n'est pas disposée à payer ce prix ; elle ne partage pas la vision optimiste du propriétaire. Dans cette divergence d'opinion, ils voient une opportunité. Ils se mettent d'accord

sur un prix de vente de base, plus 20 % de l'augmentation du chiffre d'affaires de l'entreprise au cours des cinq prochaines années (s'il y en a une) ; en échange de quoi le propriétaire actuel fournira des conseils et apportera son aide pour les projets de marketing et de vente pendant cette même période. D'après cet accord, l'acheteuse obtient un prix moins élevé et le vendeur peut bénéficier de la croissance qu'il prévoyait pour l'entreprise.

> **Des ajustements de temps.** Le timing d'un accord peut empêcher de trouver une issue mutuellement satisfaisante. Par exemple, Jonathan est ravi du projet du P-DG de le promouvoir directeur adjoint du marketing, mais il est déçu de devoir attendre que le titulaire actuel du poste prenne sa retraite dans six mois. Cependant, le P-DG a pris des dispositions afin que le directeur adjoint du marketing actuel mette à profit ce temps pour finaliser le contrat de distribution stratégique de l'entreprise avec ses partenaires. « Il a mis au point cette stratégie et noué des liens étroits avec les acteurs centraux de l'autre partie. Je veux qu'il finalise cet accord. » Toutefois, parmi ces divergences, le P-DG trouve une solution : il place Jonathan à la tête d'une équipe qui travaille sur le projet d'application de ce nouveau contrat de distribution. Cela satisfait Jonathan et profite à l'entreprise.

> **L'aversion pour le risque.** Ce qui est extrêmement risqué pour une partie l'est souvent moins pour l'autre. Les parties ont souvent des tolérances au risque différentes. Dans cette situation, on peut créer de la valeur en faisant assumer le risque à la partie qui est davantage capable de le supporter – en échange bien sûr de retours potentiels plus élevés pour elle. Par exemple, François et Julie négocient avec les Propriétés Duval, un promoteur immobilier, l'achat d'un appartement neuf. Pour François et Julie, qui débutent sur le marché de l'immobilier, cet appartement sera de loin leur plus gros investissement. « Et si je me faisais muter bientôt et que nous devions vendre, se demande François. Si le marché de l'immobilier était en berne au moment de la vente, nous perdrions beaucoup. » Les Propriétés Duval, en revanche, possèdent des centaines de biens dans des dizaines d'immeubles à travers tout le pays. Leur risque de propriété est extrêmement diversifié. Par conséquent, elles proposent une solution : dans le cadre du contrat de vente, elles accepteront de racheter l'appartement de François et Julie à 95 % du prix d'achat moins les frais de transaction, à tout moment au cours des deux années suivant l'acquisition.

Prenez votre temps

Ne soyez pas tenté de conclure l'accord trop rapidement – lorsque la première proposition acceptable est sur la table, mais que peu d'informations ont été échangées. Passez un peu plus de temps à chercher un accord encore plus avantageux pour les deux

Ne soyez pas tenté de conclure l'accord trop rapidement

parties. Expliquez que la proposition sur la table vaut la peine d'être étudiée, mais qu'elle peut être améliorée si vous en saviez davantage sur les intérêts et préoccupations de chacun. Puis, commencez à chercher des solutions réciproquement bénéfiques.

Voici quelques suggestions :

> passez d'un sujet précis à une description plus générale du problème, puis à des solutions théoriques et revenez enfin au problème en particulier ;

> accordez une attention particulière aux intérêts communs et aux possibilités de coopération ;

> envisagez un brainstorming avec l'autre partie. Ce peut être un moyen très fructueux d'imaginer d'autres solutions créatives ; définissez des règles de base qui incitent les participants à exprimer toutes leurs idées sans exception, peu importe si elles sont saugrenues ou irréalisables. Veillez à ne pas critiquer ou à ne pas désapprouver toute suggestion. À ce stade, de tels jugements inhiberaient la créativité, décourageraient les personnes à faire d'autres suggestions – et elles seront plus susceptibles de critiquer toute idée que vous proposeriez.

Les tactiques plus générales : le cadrage et l'évaluation permanente

Que vous soyez engagé dans une négociation conflictuelle ou coopérative, vos résultats seront meilleurs si vous adoptez l'une des trois tactiques suivantes : le cadrage, les évolutions de processus et l'évaluation permanente. Ces tactiques peuvent être appliquées aussi bien autour qu'à distance de la table des négociations. Les évolutions de processus ayant été évoquées au chapitre 3, seules les deux autres tactiques seront développées dans cette section.

Le cadrage

Remplissez à moitié un verre d'eau. Maintenant, si vous deviez décrire ce verre à quelqu'un, diriez-vous qu'il est à moitié vide ou à moitié plein ? Quelle que soit la manière dont vous décriviez ce verre, vous cadrez la situation. Si l'autre personne accepte ce cadre sans le remettre en question, les débats se poursuivront au sein de celui-ci. Cela pourrait être à votre avantage. Voyez ces exemples :

> **Le verre est à moitié vide.** Le négociateur d'un syndicat essaie de cadrer les prochains pourparlers sur les salaires et les bénéfices avec une entreprise.

« Au cours des trois dernières années, le dur travail fourni par les salariés a aidé cette entreprise à tripler son chiffre d'affaires et à quasiment doubler ses bénéfices. Les salaires de la direction ont par conséquent augmenté de manière conséquente et les cadres clés ont été récompensés par des primes sans précédent. Et qu'est-ce que la direction est prête à partager avec ses salariés de base ? Une simple augmentation de 25 % sur les trois prochaines années ! Nous affirmons que ceci est un affront pour les personnes qui ont permis la belle prospérité de cette entreprise. »

Autrement dit, le cadre de ces négociations serait un partage équitable de la richesse produite par les salariés.

> **Le verre est à moitié plein.** La direction présente ses arguments au syndicat.

« Nous sommes ravis d'offrir à nos salariés une augmentation de salaire de 25 % sur les trois prochaines années. Elle est supérieure d'un tiers à celles proposées par nos principaux concurrents à leur personnel. Le salaire annuel moyen de nos salariés sera donc supérieur d'environ 3 000 € à la moyenne du secteur et cela permettra à l'entreprise d'économiser suffisamment d'argent pour réinvestir dans la technologie nécessaire afin d'assurer la sécurité de l'emploi et de futures augmentations de salaire. »

Le négociateur qui parvient à faire adhérer la partie adverse à son cadre sera dans une situation avantageuse

Dit autrement, les négociations de salaire devraient avoir lieu dans un cadre mettant l'accent sur les contraintes financières et le désir de l'entreprise de garantir la sécurité de l'emploi et de futures augmentations de salaire.

À l'instar du point d'ancrage, le cadre peut déterminer la manière dont se dérouleront les négociations. Il oriente les parties et les incite à examiner les questions sous un angle défini. Avec le cadre proposé par le syndicat, la direction serait sur la défensive et les négociations tourneraient davantage autour de la « répartition équitable » des bénéfices. Le cadre de la direction est fondé sur sa générosité par rapport à des entreprises similaires et sur les retombées dont pourront bénéficier les salariés à l'avenir grâce au réinvestissement des bénéfices (notez que l'entreprise a utilisé un critère externe – tel que décrit dans le chapitre précédent – pour mettre en évidence le caractère juste et légitime de son offre). Le négociateur qui parvient à faire adhérer la partie adverse à son cadre sera dans une situation avantageuse dans la négociation. Comme l'ont mis en évidence Bazerman et Neale, la façon dont sont cadrées ou présentées les solutions disponibles peut avoir une forte incidence sur la volonté d'une partie à trouver un accord[4].

---

4 *Ibid.*, p. 31.

Un bon cadrage s'inspire des modèles mentaux préexistants du comportement que nous devrions adopter selon la situation. Ainsi, le cadrage d'une solution par une partie peut déterminer le comportement des autres. Marjorie Corman Aaron, consultante et coach depuis de nombreuses années spécialisée dans la médiation, la négociation et la résolution de conflits, cite l'exemple d'un employé de banque confronté à la demande de militants d'associations locales d'accorder des prêts plus généreux. Pour orienter le conseil d'administration de la banque quant à la conduite à adopter, l'employé pouvait utiliser plusieurs cadres :

> *Il pouvait présenter cette demande comme une « extorsion de fonds », faisant de ce fait appel à un modèle mental du type « ne pas céder à la pression ». Mais s'il le cadrait comme un problème économique (la nécessité de s'attirer la sympathie de l'association), le conseil d'administration pourrait être convaincu de financer certains programmes. S'il décrivait la situation en disant que la banque avait une énorme épine dans le pied, le conseil d'administration ferait sans doute tout ce qu'il faudrait pour s'en débarrasser et rapidement*[5].

Ainsi, si, pour le cadrage de votre position, vous vous appuyez sur un modèle mental susceptible d'être accepté par l'autre partie, vous connaîtrez moins de difficultés pour aboutir à un accord.

Plus généralement, vous pouvez utiliser les cadres suivants :

- formulez votre proposition en des termes qui connotent un gain plutôt qu'une perte. Par exemple, préférez « J'ai déjà augmenté mon offre de 10 % » à « Mon offre actuelle est seulement 10 % inférieure à ce que vous demandez » ;
- exploitez l'aversion naturelle des gens pour le risque. Cette aversion a deux conséquences :

  1. les personnes réticentes à prendre des risques accepteront souvent d'éventuelles pertes plus importantes demain plutôt que de subir de petites pertes aujourd'hui. Cela explique pourquoi de nombreuses personnes chercheront des solutions au tribunal et consentiront peut-être à payer plus dans le futur plutôt que de payer moins aujourd'hui ;

  2. « un tiens vaut mieux que deux tu l'auras » est la situation privilégiée par la majorité des personnes. En d'autres termes, elles préfèrent la certitude d'une plus petite offre à l'incertitude d'un gain futur plus élevé. « Je sais que vous voulez 400 000 € pour cette propriété et vous obtiendrez peut-être cette somme un jour. Cependant, je suis prêt à payer 340 000 € aujourd'hui.

---

5 CORMAN AARON Marjorie, « The Right Frame–Managing Meaning and Making Proposals », *Harvard Management Communication Letter*, septembre 1999, p. 1-4.

Pouvons-nous faire affaire ? »

L'évaluation et la préparation permanentes

La négociation est souvent considérée comme un processus linéaire avec les étapes de préparation, de négociation et d'accord final (ou d'échec). La première étape a lieu loin de la table de négociation ; les autres autour de la table. Dans les interactions simples, ce modèle se vérifie souvent. Mais un grand nombre de négociations sont compliquées et peuvent se dérouler en plusieurs phases successives et impliquer différentes parties. De nouvelles informations peuvent filtrer à divers moments, éclairant d'un jour nouveau les problèmes en jeu. Les différentes parties peuvent proposer des concessions ou se montrer plus exigeantes. Cette dynamique plus complexe demande donc une méthode de préparation non linéaire, comme le met en évidence la figure 4.1. En l'occurrence, la préparation est suivie par la négociation, qui donne lieu à des issues et à des informations qui requièrent l'évaluation. Les résultats de l'évaluation viennent alors alimenter une nouvelle phase de préparation et donc de négociations. C'est un cycle sans fin jusqu'à ce qu'un accord soit trouvé ou que les parties décident d'en rester là.

Figure 4.1

PROCESSUS NON LINÉAIRE DE NÉGOCIATION

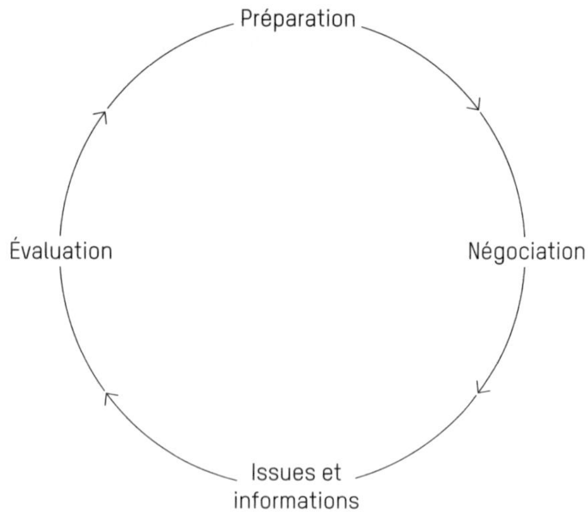

Michael Watkins, spécialiste des négociations, suggère que les ambigüités et les incertitudes inhérentes aux négociations complexes devraient être le signe pour les négociateurs de prêter moins attention à la préparation et davantage à ce qu'il appelle le « projet d'apprentissage[6] ». Apprendre est un processus permanent. Après tout, les informations à la disposition des négociateurs avant de se rendre à la table des négociations seront sans doute limitées, voire inexactes.

Ainsi, au lieu de définir votre plan en vous reposant sur les informations collectées pendant la préparation, pensez à :

- avancer progressivement, pour rassembler de meilleures informations au fur et à mesure de l'avancement des négociations ;
- apprendre en permanence à partir des nouvelles informations et du comportement de l'autre partie ;
- utiliser ces renseignements pour ajuster sans cesse votre ligne de conduite durant les débats.

L'évaluation devrait faire partie de votre tactique

L'évaluation est un autre élément important du processus et devrait faire partie de votre tactique. Régulièrement, vous devriez prendre un peu de recul par rapport aux négociations et vous demander : comment ça se passe ? Les négociations prennent-elles une direction qui servira au final mes objectifs ? Jouent-ils mon jeu ou est-ce moi qui joue le leur ? Quel cadre prédomine dans les discussions : le mien ou celui de mon adversaire ? Si je représentais l'autre partie, comment répondrais-je à ces mêmes questions ? Répondre objectivement à ces questions n'est ni naturel, ni facile. Vous pouvez adopter le point de vue d'un tiers neutre et voir les choses avec un regard extérieur. C'est essentiel pour maîtriser le jeu.

6 WATKINS Michael, « Rethinking "Preparation" in Negotiations », note de cours no 9-801-286, Boston, Harvard Business School Publishing, modifiée le 9 octobre 2001, p. 11.

L'ESSENTIEL

Le premier défi de la négociation est de faire en sorte que l'autre partie vienne à la table des négociations. Cela n'est possible que si elle considère qu'il vaut mieux négocier que de maintenir la situation actuelle. Encouragez-la à négocier en répondant à ses motivations, en montrant que le statu quo est coûteux et en vous assurant le soutien d'alliés.

Une fois que vous avez réussi cela, il est important que vous fassiez prendre aux négociations un bon départ en soulageant les tensions, en vous assurant que toutes les parties approuvent l'ordre du jour ainsi que le déroulement des débats et en donnant le ton.

Plusieurs tactiques sont particulièrement utiles pour les négociations conflictuelles (ou gagnant perdant) :

★ Établissez un point d'ancrage, c'est-à-dire un point de départ à partir duquel les négociations évoluent.

★ Si le point d'ancrage initial vous semble inacceptable, détournez la conversation des chiffres et des propositions. Préoccupez-vous à la place des intérêts, des préoccupations et de généralités. Puis, après un certain temps et après avoir recueilli davantage d'informations, mettez votre chiffre ou proposition sur la table et étayez-le avec des arguments solides.

★ Faites des concessions si nécessaire. Mais souvenez-vous que si vous faites une concession importante, votre interlocuteur risque fort de penser que vous pouvez concéder encore davantage. En revanche, une petite concession indique généralement que l'offre est proche du prix de réserve et que toutes les concessions à venir seront de plus en plus petites.

Les tactiques pour les négociations coopératives (gagnant gagnant) sont fondamentalement différentes des précédentes, puisque l'un des objectifs est la création de valeur. Ainsi, songez à ces tactiques :

★ Pratiquez l'écoute active.

★ Exploitez les intérêts complémentaires.

★ Proposez des lots afin d'obtenir des accords plus favorables.

Pour finir, nous vous avons proposé des tactiques applicables à n'importe quelle situation :

★ le cadrage ;

★ l'évaluation permanente.

5

Questions fréquentes sur les tactiques

Toutes les réponses que vous attendez

Les notions clés au programme de ce chapitre :

- **Les tactiques concernant le prix.**
- **Les tactiques concernant le processus.**
- **Les tactiques concernant les personnes.**

Dans le chapitre précédent, nous avons décrit les tactiques que vous pouvez utiliser dans différents types de négociations. Ce chapitre prolonge ce thème en apportant des réponses à des questions fréquentes sur les tactiques de négociation[1]. Pour des raisons pratiques, les questions et les réponses sont classées en trois grandes catégories : le prix, la méthode et les personnes.

Au sujet du prix

Devrais-je dévoiler quelle fourchette j'accepterais ?

Certains négociateurs vous demanderont la fourchette de prix que vous êtes disposé à payer. N'obtempérez pas. Cela trahirait votre prix de réserve. Par exemple, si vous dites à votre interlocuteur que vous paierez entre 20 000 et 25 000 € pour un bien, vous pouvez être certain que vous paierez au moins 25 000 €. L'autre partie pensera : « C'est son prix de réserve » et c'est le seul chiffre auquel elle prêtera attention. Il est largement préférable d'évoquer votre seuil minimum (« C'est le mieux que je puisse faire »).

Ne mentionnez une fourchette qu'à la fin des pourparlers, afin de décourager l'autre partie de vous faire aller plus loin. Par exemple, après plusieurs propositions et contre-propositions sur un chiffre, vous êtes à 23 000 € et l'autre partie, qui est à 30 000 €, semble vouloir un accord à 28 000 €. Vous pourriez lui dire : « En arrivant, je m'étais fixé une fourchette de 20 000 à 23 000 € et un maximum de 25 000 €, pas plus. » En révélant votre fourchette, cela peut inciter le vendeur à accepter plus facilement votre offre de 25 000 €, car il aura le sentiment d'avoir obtenu de vous le maximum possible.

Ne mentionnez une fourchette qu'à la fin des pourparlers

Devrais-je dire à l'autre partie mon véritable seuil minimum ?

Vous pouvez révéler votre seuil à ne pas franchir, à condition seulement de l'avoir atteint (ou presque). Si vous le faites, assurez-vous de le nommer comme tel en insistant bien dessus ou en vous montrant ferme. Autrement, l'autre partie peut ne pas vous prendre au sérieux et considérer ce chiffre ou cette proposition comme une étape supplémentaire vers l'accord final.

1 Adapté du module de négociation de Harvard ManageMentor, un service en ligne de Harvard Business School Publishing.

Si la partie adverse entame les débats avec un chiffre très excessif, devrais-je contrer avec un chiffre tout aussi excessif ou refuser complètement de contrer ?

Vous pouvez adopter l'une des stratégies suivantes :

> **Faites une plaisanterie** afin de montrer que, pour vous, le chiffre avancé par l'autre partie n'est pas une offre sérieuse : « D'accord, vous voulez me faire prendre des vessies pour des lanternes. Maintenant, soyons sérieux. »

> **Affirmez clairement que le chiffre de votre interlocuteur est complètement en dehors de la fourchette que vous aviez envisagée.** Orientez la conversation sur les intérêts. Interrogez votre interlocuteur sur un problème important en particulier. Expliquez votre point de vue sur la négociation, c'est-à-dire son intérêt éventuel pour vous ou d'autres personnes se trouvant dans une situation similaire (bien évidemment, vous décrirez une valeur tout à fait différente, proche de celle que vous aviez envisagée). Après avoir laissé passer un peu de temps et discuté un peu, suggérez un chiffre ou une proposition dont vous pouvez démontrer le caractère raisonnable et qui se situe dans votre fourchette basse (ou proche de ce que vous estimez être leur prix de réserve, selon ce qui est mieux). Ne vous référez jamais à leur chiffre ou proposition de départ. N'en tenez pas compte. Si vous contrez avec un chiffre tout aussi excessif, soit vous renforcerez la situation d'impasse, soit le chemin vers un accord deviendra plus long et difficile.

> **Précisez-leur que leur offre est tout à fait en dehors de votre fourchette de prix.** Puis indiquez que vous craignez qu'un accord ne soit possible. Faites en sorte que l'autre partie renchérisse sur son offre. Par exemple, « Cette offre est si basse que nous ne l'étudierons même pas. Pourquoi ne pas vous concerter et revenir vers moi avec une proposition plus réaliste ? Je serai dans mon bureau toute l'après-midi. »

Au sujet du processus

Est-il acceptable de renchérir sur mon offre (c'est-à-dire de faire deux propositions successives) ?

Ce n'est pas une bonne idée. Déclarez simplement : « Attendez, vous semblez me demander de faire une autre proposition. C'est moi qui ai fait la dernière offre ; je ne veux pas renchérir sur ma propre offre. Dites-moi la vôtre. » En général, cela suscite au moins un geste de la part de l'autre partie.

Si ce n'est pas le cas, que celle-ci fait un blocage et que le seul moyen d'avancer est que vous fassiez une nouvelle proposition, vous devriez souligner le fait que vous êtes bien conscient de ce que vous faites et que cela ne devrait pas créer un précédent. En toute bonne foi, annoncez un nouveau chiffre ou une nouvelle proposition dont vous pouvez justifier le caractère raisonnable, expliquez votre raisonnement et demandez à la partie adverse de faire de même. Si elle ne le fait pas, il se peut que vous vous trouviez dans une impasse.

Afin de la surmonter, envisagez d'élargir la discussion sur les intérêts des parties et essayez de trouver d'autres solutions créatives, peut-être grâce à un brainstorming en commun. Vous pourriez demander l'intervention d'un médiateur neutre.

Est-il judicieux ou fair-play de bluffer ?

Est-ce correct de bluffer ou de baratiner pendant une négociation ? Bien sûr ! Le baratin de l'un correspond à la vision positive que donne un autre. Le bluff de l'un correspond au meilleur visage que présente l'autre. Cependant, mentir sur un point matériel aboutira presque toujours à une action en justice. Dans certains cas, créer une fausse impression ou ne pas dévoiler des informations d'ordre matériel peut être contraire à la loi. Néanmoins, à condition que ce que vous proposez à la table des négociations ait une réelle valeur, vous n'avez pas besoin de révéler toutes les raisons qui vous poussent à conclure un accord. Ainsi, si vous négociez les conditions d'un contrat lors d'un entretien d'embauche, il n'y a rien de mal à décrire les principaux projets que vous avez conduits et quel échelon vous gravirez sans doute prochainement dans votre entreprise actuelle. Il n'y a pas de honte à présenter vos réalisations sous un jour positif. Inutile de mentionner que vous avez du mal à travailler avec le nouveau directeur de votre service.

Dans une négociation complexe, vaut-il mieux trouver un accord point par point ou attendre jusqu'à la fin ?

Chaque négociation est différente, mais c'est généralement mieux de viser des accords provisoires, ou de convenir d'une fourchette, pour chaque point l'un après l'autre. Cela vous donnera la souplesse nécessaire pour faire plus tard des compromis créateurs de valeur sur certains points et créer des lots de différentes solutions. Le risque de négocier chaque point de manière consécutive est de passer à côté d'opportunités de création de valeur.

Vaut-il mieux commencer par les points faciles ou difficiles ?

En général, traiter les points simples créera une dynamique, renforcera l'implication des différentes parties dans les débats et leur permettra de se familiariser avec le style de négociation et de communication de l'autre partie, avant d'aborder ensuite les questions épineuses.

Dans certains cas, cependant, vous pourriez avoir envie de commencer par un problème plus délicat. Si vous ne parvenez pas à trouver un accord provisoire sur les problèmes difficiles, vous pourriez alors ne pas avoir envie de perdre de temps sur des questions plus simples. Mais il est vrai également qu'une fois le problème le plus complexe résolu, ceux de moindre importance sont souvent démêlés plus aisément.

Il n'y a pas de honte à présenter vos réalisations sous un jour positif

Que faire en cas d'événements inattendus avant ou après un accord ?

Des évolutions inattendues peuvent mettre en péril les accords éventuels. Elles peuvent aussi fragiliser les accords déjà conclus. Voici un exemple :

Vous avez passé un contrat forfaitaire avec un maître d'œuvre pour construire de nouveaux bureaux et salles de réunion dans un vieux bâtiment en briques acquis par votre entreprise. Les bureaux et les salles de réunion doivent être lambrissés en poirier. Mais après la signature du contrat, une maladie du poirier apparaît, ce qui triple le coût du bois.

D'après le contrat, le maître d'œuvre doit assumer le risque de fluctuation des coûts des matériaux. Si vous exigez qu'il respecte cette clause, le maître d'œuvre peut chercher à compenser cette augmentation, par exemple en sacrifiant les finitions. Si vous acceptez de renégocier, en supportant une partie ou la totalité des coûts supplémentaires (ou en choisissant un bois différent), le maître d'œuvre accomplira plus probablement un travail de grande qualité.

Le mois suivant, vous découvrez que le rez-de-chaussée du bâtiment s'enfonce et que les murs se fissurent à cause d'un affaissement des fondations. Même si cela ne faisait pas partie du contrat original, vous souhaitez que le maître d'œuvre s'en charge le plus tôt possible et à un prix raisonnable. On récolte toujours ce que l'on sème.

Des événements similaires peuvent se produire pendant le cours même des négociations. Dans les deux cas, analysez l'incidence que ces imprévus peuvent avoir sur la décision à venir. Demandez-vous si un accord est toujours pertinent ou s'il vous faut annuler l'accord qui a été négocié. Pensez aussi à :

- contacter immédiatement le ou les négociateurs de l'autre partie ;
- reconnaître le caractère imprévisible de ce qui s'est produit ;
- affirmer votre engagement à travailler sur le problème (si c'est le cas) ;
- discuter ensemble des principes et objectifs qui sous-tendent le premier accord et décidez ensemble quels points ou clauses devront être modifiés ;
- reprendre les négociations.

Au sujet des personnes

Qu'arrive-t-il lorsqu'un négociateur coopératif est opposé à un négociateur qui campe sur ses positions ?

Le but d'un négociateur intraitable est de gagner aux dépens de l'autre partie. Il admettra que « c'est le compromis qui permet de conclure un accord », puis attendra que tous les compromis soient réalisés par son adversaire.

Un bon négociateur coopératif devrait pouvoir faire affaire avec ce type de négociateur s'il est conscient de la situation. En effet, il aura analysé sa MESORE, fixé un prix de réserve et envisagé des stratégies pour initier les débats et faire une première offre. Si le négociateur intraitable refuse de dévoiler des informations et utilise toute révélation contre le négociateur coopératif, c'est un signe évident que la proposition ne sera pas gagnant gagnant. Le négociateur devrait rechercher la réciprocité ou éviter de fournir des informations supplémentaires.

La vraie question est : le négociateur coopératif sera-t-il capable de « convertir » le négociateur redoutable, au moins suffisamment pour créer de la valeur ? La réponse est « peut-être ». Si le négociateur coopératif est efficace et ingénieux, il devrait pouvoir découvrir peu à peu certains des intérêts qui sous-tendent la position de son adversaire. Il peut alors proposer différentes solutions et lots qui serviraient les intérêts des deux parties. Même le négociateur le plus récalcitrant peut reconnaître que collaborer pour créer de la valeur sert ses intérêts.

Même le négociateur le plus récalcitrant peut reconnaître que collaborer pour créer de la valeur sert ses intérêts.

Comment devrais-je réagir si l'autre partie veut modifier un élément de son offre après la conclusion de l'accord ?

Il y a de fortes chances pour que la partie adverse soit victime de la malédiction du vainqueur* : à chaque accord conclu, elle pense qu'elle aurait pu obtenir plus.

Si l'autre partie essaie de modifier un point, montrez-vous surpris ou déçu. Expliquez-lui que si elle doit effectuer une modification, alors elle doit comprendre que vous voudrez également revoir certains points. « J'ai exprimé mon accord pour un tout. Si l'on remanie un point, cela a une incidence sur l'ensemble. Êtes-vous prêt à renégocier d'autres points ? » Si elle répond oui, alors l'autre partie était sincère et vous devriez renégocier. Si elle réexamine la question et se rétracte, vous pouvez alors supposer qu'elle cherchait seulement à vous tester. Si elle insiste pour qu'un changement en particulier soit réalisé et seulement celui-ci, exprimez votre consternation, puis demandez-vous si l'accord trouvé a suffisamment de valeur à vos yeux pour accepter.

La malédiction du vainqueur : à chaque accord conclu, il pense qu'il aurait pu obtenir plus

Quelle attitude adopter lorsque le négociateur adverse se met en colère ?

Ne réagissez pas de la même façon. Préférez l'aider à retrouver son sang-froid. La réaction adéquate dépend de votre colère ou de votre contrariété, de la valeur de l'accord ainsi que de votre envie ou non de poursuivre les négociations. Voici quelques solutions :

> asseyez-vous calmement. Ne dites rien. Après un instant, reprenez les négociations d'une voix posée ;

> arrêtez-vous. Déclarez : « Cela ne nous conduit nulle part. J'ai envie de partir et de vous laisser vous calmer. Est-ce ce dont vous avez envie ? »

Si ses cris étaient destinés à vous déstabiliser, vous ne devriez certainement pas conforter cette stratégie en négociant dans ces conditions loin d'être idéales. N'oubliez pas par ailleurs que vous avez un certain pouvoir sur votre interlocuteur. Envisagez de contacter une autre personne de la partie adverse et de suggérer qu'un autre négociateur prenne en charge les débats.

Vous avez un certain pouvoir sur votre interlocuteur

Je ne crois pas ce que me dit l'autre partie. Que devrais-je faire ?

Vous soupçonnez l'autre partie de mentir ou de bluffer*. Au mieux, elle vous fait part seulement de ce qu'elle estime indispensable pour conclure un accord et n'a pas l'intention d'honorer ses promesses. Voici comment vous pourriez réagir :

> assurez-vous que votre adversaire comprenne que l'accord est fondé sur sa présentation précise et honnête de la situation. Par exemple, « Si vous ne pouvez pas nous livrer à la date que nous avons évoquée, il vaut mieux que vous me le disiez maintenant » ;

> exigez qu'il vous fournisse un dossier d'information et que l'accord dépende explicitement de son exactitude ;

> imposez des mesures de mise en application, telles que des pénalités pour non-respect de l'accord (voire des avantages en cas de mise en œuvre en avance). Par exemple, « Nous souhaitons que l'accord final prévoie une pénalité de 1 000 € par jour de retard par rapport aux étapes prévues de la construction. En revanche, nous sommes prêts à vous accorder une prime de 20 000 € si le bâtiment peut être livré le 20 juillet prochain. »

Est-il possible de négocier au téléphone ou par e-mail ? Ou est-ce important d'exiger une rencontre ?

Il est de loin préférable de négocier en face à face si les indices non verbaux ont une importance. Par exemple, s'agit-il d'un accord où l'autre partie pourrait être tentée de mentir ou de nuancer la vérité ? Les parties ont-elles un intérêt professionnel ou émotionnel dans les enjeux de cette négociation ? On peut souvent découvrir ces données grâce aux signes non verbaux.

Certaines recherches indiquent que les individus ont moins tendance à mentir en face à face, peut-être de peur que leur interlocuteur remarque la supercherie. En effet, lors des négociations en personne, nous pouvons voir les regards en coin des membres de l'autre équipe de négociation, sentir leur malaise soudain et déceler les indices non verbaux qui révèlent davantage que leurs paroles l'importance d'un paramètre en particulier.

Les individus ont moins tendance à mentir en face à face

L'expérience montre que l'e-mail ou les autres messages écrits ont davantage tendance à déboucher sur des conflits et des impasses. La personne qui reçoit un e-mail (ou un fax) peut interpréter négativement une remarque, alors que l'expéditeur ne l'avait pas conçue ainsi. Comme l'expéditeur n'est pas présent pour lire l'expression du visage ou entendre la protestation du destinataire, il ne peut pas rectifier cette impression. L'expéditeur est surpris et se sent injustement attaqué par la réponse empreinte d'un ton désagréable et il répond à son tour sur ce ton.

Par ailleurs, les communications par e-mail permettent de prendre du recul. Pour un négociateur inexpérimenté, cela peut être un avantage non négligeable. Il risque moins d'être déstabilisé par un négociateur agressif. En outre, puisque l'e-mail permet de réfléchir au message avant de l'envoyer, on s'expose moins à dévoiler des informations essentielles à l'autre partie. Des révélations injustifiées peuvent être un problème dans les débats en face à face. Certaines personnes parlent trop. Soit par imprudence, soit pour se montrer intéressantes, elles divulguent des informations capitales. Ce risque est atténué lorsqu'elles communiquent par e-mail.

Certains problèmes liés à l'e-mail (mais pas tous) peuvent être résolus en ayant recours au téléphone. Vous pouvez vous appuyer sur le ton de la voix pour interpréter les propos de votre interlocuteur et éviter les suppositions erronées. Cependant, il est moins aisé d'être créatif au téléphone, d'autant que vous ne pouvez pas inscrire les idées échangées sur un tableau ou sur un chevalet de conférence. Par ailleurs, des recherches récentes ont montré que l'on est davantage susceptible de bluffer au téléphone. En revanche, si la négociation porte sur un problème simple, où la communication non verbale importe peu, cette méthode efficace est la plus adaptée.

Les communications par e-mail permettent de prendre du recul

Comment réagir si l'autre partie conteste mes compétences, mon statut ou mon autorité pour conduire les négociations ?

Pourquoi agit-elle ainsi ? Essaie-t-elle simplement de vous mettre sur la défensive, de vous déstabiliser ? Ou cela la préoccupe-t-elle sincèrement ?

La meilleure solution est de recentrer la conversation sur des règles de base générales. Vous pourriez dire : « D'accord. Nous devrions clarifier les choses concernant la personne décisionnaire – de mon côté, mais aussi du vôtre. Je suis autorisé à finaliser l'accord dans ce contexte : x, y, et z. J'ai besoin d'une approbation officielle pour tout accord en dehors de ces critères. Qu'en est-il pour vous ? Qu'êtes-vous autorisé à faire ? »

Si la remise en cause de votre autorité servait à vous mettre sur la défensive, vous aurez alors démontré qu'une telle stratégie n'est pas payante.

Déterminez où se situe l'autorité

Vous trouverez en annexe une fiche pratique qui vous aidera à définir et à confirmer le niveau d'autorité que vous avez et celui de vos interlocuteurs. Une version interactive de cette fiche est disponible en anglais sur le site Internet de Harvard Business Essentials : www.elearning.hbsp.org/businesstools.

6

Les obstacles à un accord

Comment les identifier et les surmonter ?

Les notions clés au programme de ce chapitre :

- **Les négociateurs intraitables.**
- **Le manque de confiance.**
- **Le manque d'informations et le dilemme du négociateur.**
- **Les obstacles structurels.**
- **Les saboteurs.**
- **Les différences culturelles.**
- **Les problèmes de communication.**
- **Le pouvoir du dialogue.**

Parfois, certaines négociations ne peuvent aboutir car l'une des parties a d'autres options plus intéressantes. Les négociations n'étant pas dans son intérêt, elle préfère se retirer. Toutefois, les négociations pour lesquelles existe une zone d'accord possible (ZAP) peuvent aussi échouer. Il suffit simplement de se référer à l'histoire géopolitique pour remarquer que de nombreux conflits auraient pu être résolus si les parties avaient été plus objectives et moins guidées par la fierté, l'impatience, l'entêtement ou l'ignorance des faits. Cela se vérifie également dans les négociations d'affaires et interpersonnelles. Ce chapitre étudie les obstacles à l'aboutissement d'une négociation et les solutions pour les surmonter ou les faire disparaître.

Les négociateurs intraitables

Pour les négociateurs intraitables*, toute négociation est un bras de fer et ils se battent pour chaque miette du gâteau. À moins que vous ayez envie de vous lancer dans ce genre de rapports (ou n'ayez d'autres solutions), les négociations avec ces personnes peuvent être infructueuses. Voici quelques solutions afin de tirer au maximum parti de ce type de situation :

> **Identifiez le plus rapidement possible le jeu que joue votre adversaire** et ne le laissez pas vous déstabiliser. Anticipez les offres au rabais, les concessions faites à contrecœur, les coups de bluff et le baratin qui se répéteront tout au long des débats. Ne laissez pas ce comportement vous empêcher d'analyser votre MESORE et de définir votre prix de réserve ainsi que vos attentes. Essayez d'évaluer ceux de l'autre partie et négociez en fonction.

> **Votre adversaire étant âpre au gain, soyez prudent quant aux informations que vous révélez.** Ce type de négociateur saisira tout renseignement que vous dévoilerez et s'en servira contre vous – et il ne vous donnera rien en retour. Ainsi, ne divulguez que les informations qui ne peuvent être retournées contre vous.

> **Si vous avez des doutes sur l'état d'esprit de l'autre partie, testez sa disposition à partager des informations.** Mentionnez une information mineure

et voyez ce qu'elle en fait. L'utilise-t-elle contre vous ? Réagit-elle en vous délivrant une information à son tour ? Si la réponse est oui à la première question et non à la seconde, gardez-vous de lui donner d'autres informations.

> **Adoptez une stratégie différente.** Suggérez d'autres solutions : « Voici deux autres possibilités pour résoudre ce problème. » Demandez-lui celle qu'elle préfère et pourquoi. La balle sera ainsi dans son camp, ce qui l'incitera à répondre. Si elle refuse de répondre, demandez-lui si, en ajoutant ou en éliminant l'une des possibilités, cela améliorerait ou ferait empirer sa situation. Poursuivez ainsi. L'idée est de faire en sorte que l'autre partie dévoile un peu plus son jeu.

> **Soyez prêt à vous retirer.** Si l'autre partie sait que son comportement pourrait empêcher la conclusion de l'accord, elle se montrera moins autoritaire, d'autant plus qu'elle y trouve forcément un intérêt.

> **Améliorez votre MESORE.** Si votre position est faible, l'autre partie peut, sans trop de risques, vous dominer ou ne pas tenir compte de votre avis. Mais si votre MESORE est solide (ou se renforce au fil du temps), l'autre partie respectera davantage vos intérêts (voir l'encadré « Parlez doucement, mais ayez un gros bâton avec vous »).

Parlez doucement, mais ayez un gros bâton avec vous

Dans les années qui ont suivi la Révolution, les tensions se sont accentuées entre le nouveau gouvernement français (le Directoire) et les jeunes États-Unis. Le Directoire a fermé les ports français aux navires américains et la Marine a arrêté de nombreux bateaux marchands américains pendant ce qu'on appelle désormais la « quasi-guerre ». Les ambassadeurs missionnés à Paris pour négocier une relation pacifique et autoriser le commerce ont été rejetés.

La quasi-guerre menée en mer et l'horreur des excès meurtriers de la Révolution ont conduit l'opinion américaine à basculer contre son ancien allié. Beaucoup d'Américains réclamaient la guerre. Le président John Adams résistait opiniâtrement à la pression de déclarer la guerre, trop conscient des dangers d'une telle position. Il recherchait au contraire un règlement pacifique au conflit et une reprise du commerce ; pour ce faire, il a mené pendant plusieurs années une campagne diplomatique.

La France n'était pas particulièrement lésée par ce conflit avec les Etats-Unis : elle avait beaucoup moins besoin de l'amitié des États-Unis et de son commerce que l'inverse. Une fois Napoléon Bonaparte au pouvoir, la France est devenue la puissance militaire la plus redoutable de l'Occident. Elle pouvait se permettre d'imposer sa loi au petit pays nord-américain – et c'est ce qu'elle a fait.

Sans se laisser décourager, Adams a continué à plaider pour les négociations. Mais simultanément, il a renforcé sa position (c'est-à-dire sa MESORE) en développant la marine américaine, la faisant passer de quelques bâtiments à cinquante navires (dont des frégates très modernes). Ce pouvoir maritime a permis de sortir de l'impasse. « Le fait qu'Adams ait insisté pour développer la force navale des États-Unis, écrit le biographe David McCullough, s'est avéré décisif dans l'obtention de la paix avec la France[1] » en 1800. Un siècle plus tard, un autre président des États-Unis, Theodore Roosevelt, a suivi l'exemple d'Adams, en résumant sa méthode diplomatique par le slogan « Parlez doucement, mais ayez un gros bâton avec vous ».

Le manque de confiance

Trouver un accord est difficile en l'absence de confiance mutuelle. Il est fréquent d'entendre dire : « Comment pouvons-nous négocier avec eux ? Nous ne croyons pas un mot de ce qu'ils nous disent. Si nous devions conclure un accord, comment être sûrs qu'ils honoreront leur partie du contrat ? »
Dans la *Harvard Business Review*, Dominick Misino, un négociateur de la police de New York à la retraite spécialisé dans la prise d'otages, a souligné l'importance de la confiance. Celle-ci, explique-t-il, commence par la politesse et le respect :

> *Quand, par exemple, j'ai affaire à un criminel armé, ma règle d'or est tout simplement d'être poli... Très souvent, les personnes avec qui je négocie sont extrêmement violentes. Et ce en raison de leur très forte angoisse : un type armé et retranché dans une banque risque d'avoir un comportement « de fuite ou de lutte ». Pour dénouer la situation, je dois essayer de comprendre ce qui se passe dans sa tête. La première étape pour cela est de lui montrer du respect, ce qui atteste ma sincérité et ma fiabilité. Ainsi, avant que le malfaiteur exige quoi que ce soit, je lui demande toujours s'il a besoin de quelque chose[2].*

La sincérité et la fiabilité évoquées par Misino sont les pierres angulaires de la confiance.

La sincérité et la fiabilité sont les pierres angulaires de la confiance

Ayant le choix de négocier ou non avec une partie qui n'est pas digne de confiance, les personnes disposant de solutions réalistes se tourneront vers leurs autres options ou esquiveront l'accord

1 MCCULLOUGH David, *John Adams*, New York, Simon & Schuster, 2001, p. 366.
2 COUTU Diane, « Negotiating whithout a Net », *Harvard Business Review*, oct. 2002, p. 50.

passé avec cette partie en le rendant plus étroit ou limité qu'il n'aurait été autrement. Les spécialistes de la négociation appellent cela des « accords précaires* ». Malgré tout, même si vous soupçonnez l'autre partie de ne pas être tout à fait digne de confiance, ne renoncez pas trop rapidement.

> Insistez sur le fait que l'accord est fondé sur leur présentation précise et honnête de la situation.
> Exigez que l'autre partie vous fournisse un dossier d'information et que les termes de l'accord dépendent explicitement de son exactitude.
> Façonnez l'accord de sorte à rendre les bénéfices futurs dépendants du respect et de la bonne exécution de l'accord actuel.
> Réclamez une transparence sur le respect de l'accord*. Vous pourriez avoir envie de mettre en place des mesures de contrôle faciles à gérer et qui vous garantissent que les termes de l'accord sont honorés par l'autre partie. Par exemple, si vous avez accepté de vendre une technologie propriétaire en échange de royalties, il serait judicieux de stipuler dans l'accord que vous avez un droit d'accès régulier aux livres de comptes de l'autre partie, afin de vous assurer du bon calcul de vos royalties.
> Exigez des mesures de mise en application, telles qu'un dépôt de garantie, une convention de séquestre ou des pénalités pour non-respect (ou peut-être des avantages en cas d'exécution en avance).

Vous pouvez aussi contribuer à instaurer un climat de confiance en facilitant les relations et en améliorant la communication entre les entreprises impliquées dans les négociations. Les joint-ventures, par exemple, nécessitent une solide confiance entre des entreprises indépendantes. Les managers expérimentés de joint-ventures offrent aux collaborateurs clés des différentes parties l'occasion d'apprendre à se connaître et de travailler ensemble à l'occasion des prises de décision. Ils organisent des réunions au cours desquelles les problèmes, les opportunités et les conflits sont évoqués et résolus. Cela permet d'établir la confiance nécessaire au succès du partenariat.

Le manque d'informations et le dilemme du négociateur

Les négociateurs ont des difficultés à s'entendre lorsqu'ils disposent de peu ou pas d'informations pertinentes sur les intérêts de leurs homologues. En l'absence d'informations éclairantes, ils passent l'un à côté de l'autre, comme deux bateaux qui naviguent dans la nuit. Voici un exemple :

> *Les Produits Corpois venaient de remporter un gros contrat avec la Marine pour produire des moteurs électriques au cours des douze prochains mois. Dans la liste des pièces nécessaires à Corpois, figuraient 20 000 faisceaux de câbles et cela était urgent. Malheureusement, tous ses fournisseurs habituels étaient déjà en retard pour d'autres commandes. Puis, le département des achats a trouvé les Manufactures de l'Ouest, un petit fabricant de pièces situé en périphérie de Rennes.*
>
> *Les deux entreprises ne se connaissant pas, leurs négociateurs avaient des raisons de ne pas communiquer certaines informations. Par exemple, les représentants de Corpois ne voulaient pas que les Manufactures de l'Ouest sachent combien ils étaient désespérés de trouver rapidement 20 000 faisceaux de câbles. Sans ces faisceaux, leur accord avec la Marine pourrait échouer. « Si les Manufactures de l'Ouest l'apprennent, a déclaré un haut responsable de l'entreprise, nous serions en mauvaise position pour négocier et nous nous ferions avoir sur le prix. Ils sauraient que nous serions dos au mur. » De même, les Manufactures de l'Ouest avaient le sentiment d'être dans une mauvaise position pour négocier : « Si les Produits Corpois apprenaient que nous ne tournons qu'à 40 % de notre capacité, a expliqué le responsable commercial à son patron, ils demanderont un prix dérisoire – que nous leur accorderions probablement. »*

Même si Corpois et les Manufactures de l'Ouest ont besoin l'un de l'autre pour des raisons économiques, aucun des deux ne le comprend. Chacun craint de révéler des informations sur sa situation. Ainsi, si aucune partie ne parle franchement, elles pourraient facilement ne pas parvenir à négocier un accord. Faites à l'aveuglette, l'offre d'achat de Corpois et l'offre de vente des Manufactures pourraient être si divergentes que chaque partie serait tentée de se retirer. Cette situation est symptomatique de ce que les experts de la négociation nomment le « dilemme du négociateur* ». Dans ce dilemme, les deux parties pourraient créer de la valeur si et seulement si toutes les deux étaient disposées à divulguer des informations sur leurs besoins et leur situation économique. Mais aucune n'acceptera que l'une donne des informations et l'autre non. Les issues possibles sont décrites dans la figure 6.1. En l'occurrence, il est évident que les deux entreprises feront des gains modestes si toutes deux se montrent honnêtes. De toute évidence également, il est peu probable qu'une partie réalise un gain important si elle cache des informations ou trompe l'autre partie alors que celle-ci se montre sincère.

Dans le dilemme du négociateur, une partie s'expose à un risque en révélant la première des informations importantes. L'une tirera plus d'avantages à se taire et à encourager l'autre à se découvrir. Cependant, si les deux parties gardent le silence, toutes deux seront perdantes.

Ainsi, comment résoudre ce dilemme en vue d'un bénéfice mutuel ? La meilleure solution est de partager des informations de manière prudente, réciproque et progressive. Par exemple, une partie prend un petit risque : elle révèle une information mineure sur ses intérêts. Puis, elle fait une requête : « Maintenant, parlez-nous un peu de vos intérêts. » Si l'autre partie consent à parler, cela instaure un climat de confiance dans lequel pourront être échangées en toute sécurité d'autres informations. La confiance établie et les échanges se poursuivant, chaque partie dévoile petit à petit ses cartes clés. Des possibilités de créer et de partager de la valeur peuvent alors être identifiées.

Figure 6.1

LE DILEMME DU NÉGOCIATEUR

		Manufactures de l'Ouest	
		Être sincère	Cacher ou tromper
Corpois	Être sincère	Gains modestes pour les deux entreprises.	Gains importants pour les Manufactures de l'Ouest et gains modestes pour Corpois
	Cacher ou tromper	Gains importants pour Corpois et gains modestes pour les Manufactures de l'Ouest.	Aucun gain pour personne. Les négociations peuvent échouer.

(Source : Adapté avec la permission de Michael WATKINS, « Diagnosing and Overcoming Barriers to Agreement », note de cours n° 9-800-333, Boston, Harvard Business School Publishing, modifiée le 8 mai 2000, p. 4.)

Les obstacles structurels

Dans certains cas, la route vers l'accord est entravée par des obstacles structurels. En voici quelques exemples :

> **Toutes les parties concernées ne siègent pas à la table des négociations.** Par exemple, un planning doit être négocié pour le développement

d'un nouveau produit. La recherche-développement et le marketing sont représentés, mais personne n'a convié à la réunion la fabrication dont l'avis est essentiel.
La solution : Impliquez toutes les personnes concernées.

> **Des parties présentes aux négociations n'ont rien à y faire** – pire encore, elles se mettent en travers de la route.

La solution : Faites en sorte que le groupe affronte la ou les personnes qui empêchent d'avancer et demandez-leur de s'effacer. Si elles résistent, faites appel à une autorité supérieure pour les disqualifier.

> **Une ou plusieurs parties qui, en toute légitimité, participent aux négociations empêchent délibérément de trouver un accord.**

La solution : Si votre fonction vous donne le pouvoir de prendre le dessus, ordonnez à cette ou ces personnes d'arrêter. Sinon, formez une coalition entre participants pour transmettre le même message.

> **Personne ne se sent pressé par le temps** et, de ce fait, les négociations traînent en longueur.

La solution : Pour éviter cela, programmez ce que Michael Watkins appelle un « événement qui pousse à l'action », telle une date butoir ou une réunion sur l'avancement du projet. Par exemple, « Nous donnons exclusivement à votre entreprise la possibilité de nous faire une offre pour cette mission. Cependant, si aucun accord mutuellement satisfaisant n'est trouvé au 15 mars, nous devrons chercher d'autres offres. » S'il n'y a pas de composante temporelle dans vos négociations en cours, songez à en ajouter une. « Puisque nous sommes d'accord sur le fait que cela avance trop lentement, je suggère que nous adoptions un planning qui prévoit la conclusion de nos négociations le 15 mars. »

> **La ratification d'un accord dépend de la ratification d'un autre, dont les négociations n'aboutissent pas.**

La solution : Si cela est pertinent ou possible, distinguez les deux négociations. Sinon, envisagez d'assigner une limite dans le temps à la seconde négociation.

Les saboteurs

Dans les négociations multipartites notamment, certaines parties peuvent souhaiter que l'issue soit l'absence d'accord. On les appelle des « saboteurs ». Ils peuvent avoir le pouvoir de bloquer ou de saboter les négociations. Ils peuvent siéger ou non à la table des négociations. Par exemple, le président de la République peut négocier un contrat commercial avec un autre pays, mais deux ou trois parlementaires puissants, qui considèrent cet accord comme contraire aux intérêts de leurs électeurs, peuvent empêcher sa ratification au Parlement. Un manager influent, qui est écouté par des membres importants du conseil d'administration, peut parfois obtenir le même résultat.

Vous pouvez anticiper cet obstacle en identifiant toutes les parties prenantes clés, leurs intérêts, leur pouvoir d'influer sur l'accord et sa mise en application. Puis, repérez les saboteurs potentiels et demandez-vous comment présenter l'accord pour que leur envie de sabotage soit anéantie.

Quelques conseils pour gérer les saboteurs

De nombreuses négociations internes ont pour objectif de produire un changement au sein de l'entreprise. Cet objectif a beau être une condition nécessaire au dynamisme, il y a souvent des perdants et des gagnants. Ceux qui se voient éventuellement comme des perdants font leur possible pour résister au changement. Machiavel mettait en garde ses lecteurs : « Celui qui s'y engage [à introduire de nouvelles institutions] a pour ennemis tous ceux qui profitaient des institutions anciennes. » Ce qui était vrai dans l'Italie du XVIe siècle l'est toujours aujourd'hui. De toute évidence, certaines personnes apprécient les avantages qui leur semblent, à tort ou à raison, menacés par le changement. Elles peuvent le percevoir comme une menace pour leur gagne-pain, leurs à-côtés, leurs acquis sociaux ou leur statut dans l'entreprise.

Chaque fois qu'une personne se considère comme lésée à l'issue d'une négociation, attendez-vous de sa part à de la résistance et, éventuellement, à du sabotage. La résistance peut être passive, sous la forme d'un non engagement envers les objectifs ou le processus pour les atteindre, ou elle peut être active, prenant alors la forme d'une opposition ou contestation directe. Voici quelques astuces pour faire face à cette résistance et à ce sabotage :

- Essayez toujours de répondre à la question : « Où et comment ce changement sera synonyme de douleur ou de perte dans l'entreprise ? ».
- Identifiez les personnes qui peuvent être perdantes et essayez d'anticiper leur réaction.

> Exposez les arguments en faveur du changement aux résistants potentiels. Expliquez l'urgence de se départir des routines ou dispositions actuelles.
> Mettez en évidence les bénéfices du changement pour ces personnes réticentes. Il peut s'agir d'une plus grande sécurité de l'emploi, d'un salaire plus important, etc. Rien ne garantit que les bénéfices du changement soient moins nombreux que les pertes pour ces personnes. Cependant, en leur expliquant ces bénéfices, cela détournera leur attention des points négatifs et la recentrera sur les positifs.
> Aidez les personnes réticentes à se trouver un nouveau rôle, qui leur permette réellement d'apporter leur pierre à l'édifice et qui atténue leurs pertes.
> N'oubliez pas que si certains résistent au changement, c'est parce que celui-ci est synonyme d'une perte de contrôle sur leur quotidien. Vous pouvez leur rendre une part de ce contrôle en les faisant participer activement à la mise en place du changement.
> Formez une coalition avec suffisamment de force pour l'emporter sur les saboteurs.

Les différences culturelles

Notre façon de parler et de penser, nos convictions, notre style de communication et notre personnalité sont façonnés par un tissu de dynamiques culturelles, sociales et liées à notre sexe. La culture correspond à un ensemble de tendances qui sont plus répandues dans un groupe que dans un autre (la façon dont se comportent et pensent les individus). Nous tendons, par exemple, à attribuer tout comportement curieux au caractère des Anglais, à la mentalité des femmes, à la personnalité des avocats ou même à la culture de certaines entreprises.
Mais la culture ne détermine pas ou ne permet pas de prédire le comportement, ni les choix d'un individu : il existe toujours d'importantes variations au sein d'un même groupe culturel. Ainsi, un ingénieur italien peut partager plus de points communs avec un ingénieur allemand qu'avec un artiste italien, ou une avocate avec un avocat plutôt qu'avec une musicienne.
On attribue souvent un échec ou une difficulté dans une négociation à des différences de culture ou de sexe, alors qu'elles peuvent très bien ne pas être la cause du problème. On lève les bras au ciel et déclare : « Le problème, c'est que c'est une femme et qu'elle ne sait pas gérer les conflits », ou « Il est en retard, parce que c'est

la manière des Argentins de gérer le temps». Ne commettez pas ces erreurs. En attribuant les problèmes au sexe ou à la culture, vous pouvez manquer l'indice laissé par la négociatrice signalant les limites de son entreprise. Ou vous pouvez ne pas remarquer les problèmes de production de l'entreprise argentine.

La culture ne détermine pas ou ne permet pas de prédire le comportement

Si vous négociez avec une personne issue d'une culture très différente de la vôtre et si vous rencontrez des difficultés pour vous comprendre ou faire affaire ensemble, recherchez des tendances dans ces problèmes et demandez-vous: «Quels genres de problèmes nous désemparent? À quels types de malentendus sommes-nous confrontés?» Si vous décelez des tendances, analysez-les ensemble.

Si vous avez le temps, consultez tout ouvrage disponible sur la culture de l'autre négociateur et comparez-la à la vôtre. En quoi sont-elles différentes? Cela explique-t-il les problèmes que vous rencontrez?

Des cultures différentes impliquent parfois des hypothèses implicites divergentes à la table des négociations. Elles peuvent constituer un obstacle à l'accord. Michael Watkins considère ces hypothèses comme «les convictions les plus profondément ancrées, souvent tacites, qui imprègnent et sous-tendent les systèmes sociaux. Ces convictions sont l'air que tout le monde respire mais ne voit jamais[3].» Prêtez particulièrement attention aux hypothèses qui portent sur la personne qui devrait prendre les décisions, sur ce qui a de la valeur et sur ce qui arrivera si un accord est trouvé.

Les différences de culture d'entreprise peuvent aussi être à l'origine des problèmes qui tourmentent les négociateurs. Par exemple, si vos réunions avec un partenaire de joint-venture semblent ne pas aboutir, la différence entre la culture de votre entreprise et la sienne en est peut-être la cause. C'est particulièrement vrai lorsqu'une entreprise est extrêmement entrepreneuriale («Faisons-le») et que l'autre est très bureaucratique («Nous devons suivre les procédures habituelles»). C'est le problème qu'ont rencontré, dans le cadre d'un partenariat de recherche et

3 WATKINS Michael, «Diagnosing and Overcoming Barriers to Agreement», note de cours n° 9-800-333, Boston, Harvard Business School Publishing, modifiée le 8 mai 2000, p. 15.

développement, Alza, une petite start-up entrepreneuriale située en Californie, et Ciba-Geigy, le géant suisse de l'industrie pharmaceutique. Voici la description qu'en ont faite Gary Hamel et Yves Doz :

> *[Le fondateur d'Alza] était fermement convaincu de l'intérêt d'une ambiance de travail décontractée et égalitaire où des talents exceptionnels pouvaient s'épanouir au sein d'équipes autonomes. Les équipes d'Alza travaillaient rapidement et de manière informelle pour coordonner les nombreuses technologies nécessaires au développement de systèmes sophistiqués d'administration transdermique de médicaments. De l'autre côté, l'entreprise Ciba-Geigy existait depuis deux siècles. C'était l'exemple même d'une entreprise européenne traditionnelle, disciplinée et dévouée. En tant que grande multinationale, Ciba-Geigy était bureaucratique et organisée de manière formelle*[4].

Comme le décrivent Hamel et Doz, de considérables différences culturelles, historiques et organisationnelles ont fortement entravé la collaboration et l'entente entre ces deux entreprises. Alza s'attendait à ce que ses partenaires travaillent au rythme de la Silicon Valley, tandis que Ciba voulait que les choses avancent plus progressivement. Pour aggraver la situation, la confiance indispensable pour sceller le partenariat ne s'est jamais développée. Alza craignait toujours que son partenaire de plus grande taille usurpe la seule valeur qu'elle possédait : sa technologie. En raison de cette méfiance, leur collaboration a été très limitée.

Les problèmes de communication

La communication est centrale dans les négociations

La communication est centrale dans les négociations. Vous ne pouvez pas avancer sans elle. À cause d'une mauvaise communication, ce qui est simple devient laborieux et ce qui est difficile impossible. Par conséquent, les négociations tournent au vinaigre et des conflits éclatent. Si vous estimez que les négociations achoppent sur un problème de communication, essayez les tactiques suivantes :

> **Demandez à faire une pause.** Repensez à ce qui a été dit, comment et par qui. Recherchez des tendances. La confusion ou le malentendu provenait-il d'un seul sujet ? Des hypothèses ou des attentes importantes n'ont-elles pas été

4 HAMEL Gary et DOZ Yves, *L'Avantage des alliances*, Paris, Dunod, 2000.

exprimées ? Après la pause, soulevez la question sans vous montrer réprobateur. Écoutez activement l'autre partie, pendant qu'elle explique son point de vue sur la question. Prenez-en note. Expliquez le vôtre. Puis essayez d'identifier le problème.

> **Si le porte-parole de votre équipe de négociation semble agacer l'autre partie, faites-le remplacer.** Demandez à l'autre partie de faire de même si son porte-parole excède votre équipe.

> **Ensemble, consignez par écrit les progrès au fur et à mesure qu'ils sont accomplis.** C'est particulièrement indispensable pour les négociations qui se déroulent en plusieurs phases. Cela empêchera tout problème du genre : « Je ne me souviens pas d'avoir accepté ceci. »

Le pouvoir du dialogue

Le dialogue est en général la meilleure façon de décortiquer un problème

Le dialogue est un moyen de communication puissant et un remède efficace contre la majorité, sinon la totalité, des obstacles décrits dans ce chapitre. C'est une forme de communication éprouvée, qui permet aux parties d'échanger leur point de vue et leurs idées afin de trouver une solution amiable. Le dialogue est en général la meilleure façon de décortiquer un problème, couche par couche, de placer des préoccupations inavouées sur le devant de la scène, de développer des solutions et de trouver un terrain d'entente.

Même si la pratique du dialogue entre au moins deux individus date assurément de la nuit des temps, Platon, avec ses dialogues socratiques, a permis à l'Occident d'apprécier son pouvoir. L'objectif de Platon n'était pas de nous dire ce que lui pensait, mais de nous apprendre à considérer une idée sous tous ses angles en suivant un processus logique qui, au final, nous ouvrait les portes de la vérité et du sens commun. Ce même processus logique permet aux négociations de se dérouler en douceur, de faire ressortir les meilleures idées et de s'appuyer sur celles-ci pour conclure un accord.

Grâce au dialogue, vous pouvez également donner à vos interlocuteurs une direction, sans avoir à leur expliquer directement ce qu'ils doivent faire – ce que devraient apprendre à faire les managers des entreprises participatives d'aujourd'hui. Pour ces managers, négocier avec un collaborateur est tout aussi important que de le diriger.

Par exemple, au lieu de dire : « Je veux l'état des stocks sur mon bureau demain à 15 h », vous pourriez essayer ceci :

> *Le manager : Où en êtes-vous concernant l'état des stocks ?*
> *Le collaborateur : J'ai presque terminé. Il ne me reste plus qu'une partie à finaliser.*
> *Le manager : Parfait. Voyez-vous un inconvénient à ce qu'il soit terminé pour demain après-midi ?*
> *Le collaborateur : Non bien sûr, si vous en avez besoin. Comptez sur moi.*

La méthode la plus efficace pour un manager et ses collaborateurs peut aussi l'être pour les parties négociantes, à condition de commencer les débats en douceur, de pratiquer l'écoute active et d'instaurer progressivement le niveau de confiance exigé par la résolution de problème.

L'ESSENTIEL

Ce chapitre a passé en revue les obstacles typiques qui entravent la négociation d'un accord et a proposé des solutions pour les surmonter ou les éliminer.

★ Les négociateurs intraitables chercheront à tirer la couverture à eux et feront en sorte que ce soit vous qui fassiez toutes les concessions. Vous pouvez faire affaire avec eux à condition de bien comprendre leur jeu, de ne pas leur divulguer d'informations qu'ils retourneront contre vous (à moins qu'ils ne se montrent disposés à échanger des informations) et de leur faire bien comprendre que ce n'est pas un souci pour vous de mettre un terme aux débats. Si vous ne voulez pas (ou ne pouvez pas) vous retirer, faites tout votre possible pour consolider votre position et votre solution de repli.

★ Le manque de confiance est un obstacle sérieux dans une négociation. Néanmoins, un accord est possible si vous prenez des précautions, exigez des mesures de mise en application, incitez au respect de l'accord et insistez sur la transparence.

★ Il est difficile de conclure un accord (et impossible de créer de la valeur) en l'absence d'informations. Quels sont les intérêts de l'autre partie ? Qu'a-t-elle à offrir ? Qu'est-elle prête à concéder ? Paradoxalement, les parties, par crainte de favoriser l'autre, ont tendance à cacher les informations nécessaires pour créer de la valeur pour les deux parties. Chacune est réticente à se découvrir en premier. C'est le dilemme du négociateur. La solution ? Partager des informations de manière prudente, réciproque et progressive.

★ Parmi les entraves structurelles, figurent l'absence de parties importantes à la table des négociations, la présence de personnes non concernées et qui feront obstacle ainsi que le fait de ne pas se sentir pressé d'avancer. Nous vous avons indiqué les solutions possibles.

★ Les saboteurs sont des personnes qui bloquent ou sapent les négociations. Nous vous avons suggéré plusieurs astuces pour neutraliser ou l'emporter sur ces individus, notamment par la création de coalitions gagnantes.

★ Les différences culturelles peuvent être des obstacles, en particulier lorsque l'une des parties vient à la table des négociations avec des hypothèses que l'autre ne remarque pas et qui portent sur la personne qui devrait prendre les décisions, sur ce qui a de la valeur et ce qui arrivera si un accord est conclu. Les représentants d'entreprises aux cultures antagonistes (par exemple, entrepreneuriale/bureaucratique) rencontreront sans doute des difficultés pour trouver un terrain d'entente.

★ Les problèmes de communication peuvent aussi constituer un obstacle. Vous pouvez les contourner en exigeant que chaque équipe soit conduite par un porte-parole performant, en pratiquant l'écoute active, en consignant les progrès au fur et à mesure qu'ils sont réalisés et en établissant un véritable dialogue entre vos partenaires et vous.

★ Le dialogue peut faire disparaître ou atténuer tous les obstacles décrits dans ce chapitre.

7

Les erreurs psychologiques

Comment les identifier et les éviter ?

Les notions clés au programme de ce chapitre :

- **La surenchère.**
- **Les partis pris.**
- **Les attentes irréalistes.**
- **L'excès de confiance en soi.**
- **Les émotions non maîtrisées.**

Dans le chapitre précédent, ont été abordés les problèmes structurels qui empêchent les parties pourtant motivées de négocier un accord. Ce chapitre décrit les erreurs psychologiques commises par les négociateurs. Toutes ces erreurs, qui reviennent à scier la branche sur laquelle on est assis, peuvent être corrigées.

La surenchère

Dans leur livre *Negotiating Rationally*, Max Bazerman et Margaret Neal considèrent la « surenchère irrationnelle* » comme une erreur commise par des hommes d'affaires par ailleurs intelligents lorsqu'ils se trouvent en difficulté ou lors de négociations serrées. D'après leur définition, la surenchère irrationnelle consiste à « dépasser le seuil fixé et à poursuivre les enchères au-delà de ce que recommanderait l'analyse rationnelle[1] ». Cela peut aussi être appelé l'« engagement excessif ». Pour illustrer ce concept, Bazerman et Neale évoquent l'exemple de l'acquisition malheureuse en 1987 de Federated Department Stores (la maison mère de Bloomingdale's) par Robert Campeau :

Une stratégie, aussi bonne soit-elle, sera contre-productive si elle est poursuivie au-delà d'un point où elle n'est plus pertinente

> *Ce dernier souhaitait acquérir Bloomingdale's à la fois pour la promesse de gain que représentait cette chaîne, mais également pour la crédibilité que cela lui octroyait pour ses projets de nouveaux centres commerciaux. Il a donc poursuivi sa proie audacieusement malgré la forte concurrence de Macy's. Ce rival avait fait une offre élevée pour cette entreprise qu'il désirait également. Pour ne pas être en reste, Campeau a surenchéri de 500 millions de dollars sur l'offre de Macy's. Grâce à ce coup de poker, il a gagné – mais il a aussi plongé son entreprise dans la faillite.*

La leçon de cette histoire, comme le montrent ingénieusement Bazerman et Neale, est qu'une stratégie, aussi bonne soit-elle, sera contre-productive si elle est poursuivie au-delà d'un point où elle n'est plus pertinente. Bloomingdale's était un

1 BAZERMAN Max et NEALE Margaret, *Negotiating Rationally*, New York, Free Press, 1992, p. 10.

très beau trophée, mais pas au prix payé par Campeau. Payer trop est une histoire qui ne cesse de se répéter dans les annales des affaires.
Pourquoi des hommes d'affaires normalement intelligents tombent dans ce travers ? Voici des explications (ainsi que des solutions) possibles :

> **Leur ego ne supporte pas de perdre.** Les P-DG et autres directeurs sont habitués à obtenir ce qu'ils désirent. Ils ne veulent pas sortir bredouilles d'une négociation, en particulier quand celle-ci fait parler d'elle. De ce fait, lorsque, pour gagner, il faut payer plus que ce que le bon sens recommande, leur ego les presse de débourser cette somme. Ils justifient par la suite leur comportement par des « synergies futures » ou d'autres intérêts flous.

> **Les différentes enchères qui opposent des individus encouragent ces comportements irrationnels.** Comme l'a mis en évidence un consultant, « les payeurs, en particulier, ne sont pas rationnels en matière de prix[2]. » En l'absence de toute attente particulière concernant le prix, ils ont davantage tendance à surenchérir jusqu'à un prix qu'ils peuvent payer plutôt qu'au prix que vaut réellement l'objet. Le désir de posséder quelque chose – et de l'emporter sur les autres enchérisseurs – triomphe de leur sens des affaires.

> **Un problème mandant/mandataire est à l'œuvre.** En général, les hommes d'affaires qui dépensent irrationnellement pour gagner le font avec l'argent des autres. En tant que mandataires* des actionnaires, ils peuvent s'attribuer le mérite de la victoire et faire supporter les coûts aux véritables propriétaires de l'entreprise. Il est peu probable que les mandataires soient aussi téméraires ou insouciants s'ils dépensaient leurs propres économies gagnées à la sueur de leur front.

Les solutions pour éviter les surenchères

> **Ayez une idée précise de vos solutions de repli** avant de négocier. Songez que l'argent que vous ne gaspillez pas dans un accord trop cher pourra être investi dans ces solutions de repli. Souvenez-vous également que l'argent que votre concurrent dépense pour vous battre ne sera plus à sa disposition lors des prochaines négociations.

> **Préalablement aux discussions, faites preuve de grande objectivité et de pragmatisme pour définir un prix maximum au-delà duquel le bon sens vous dicte de vous retirer.** Recherchez le consensus et le soutien de votre équipe concernant ce prix. « Nous sommes bien d'accord que nous ne monterons pas au-dessus de 350 000 € ? Quelqu'un voit-il les choses différemment ? » Plus vous serez nombreux à être d'accord sur le prix, moins grande sera la tentation de surenchérir au-delà.

---

2 BUNNELL David avec LUECKE Richard, *The eBay Phenomenon*, New York, John Wiley & Sons, 2000, p. 48.

> Fixez clairement la limite où vous et votre équipe vous arrêterez et ferez le point sur votre situation actuelle dans les débats et sur la direction à prendre.

> Si, au cours des négociations, de nouvelles informations suggèrent de revoir à la hausse le prix de retrait, recalculez-le objectivement.

> Concernant le problème mandant/mandataire, la meilleure solution est de fixer les récompenses du négociateur en fonction des intérêts économiques des actionnaires (nous aborderons ce sujet en détail au chapitre 9). Le conseil d'administration devrait aussi s'appliquer à protéger les intérêts des actionnaires du comportement irrationnel du P-DG. C'est un problème épineux, car la plupart de ses membres font partie du même cercle que le P-DG – la majorité des membres des conseils d'administration sont aussi des P-DG et donc des agents des actionnaires.

Les partis pris

Un parti pris* est un phénomène psychologique par lequel les individus perçoivent la réalité avec partialité ou subjectivité. Par exemple, lors d'une rencontre sportive, les fervents supporters d'une équipe ont le sentiment que l'arbitre est injuste envers leurs joueurs ; alors qu'ils ont assisté au même débat électoral, la gauche et la droite perçoivent que c'est leur candidat qui a « gagné » ; ou encore, un comité composé d'ingénieurs représentant deux partenaires d'une joint-venture ne parvient pas à déterminer dans quelle mesure l'une des entreprises a réalisé sa part du contrat.
Les négociateurs performants savent comment prendre du recul par rapport à une situation et la regarder objectivement, évitant ainsi les partis pris. Ils peuvent aussi se mettre à la place des autres parties et envisager leur point de vue particulier et subjectif. Vous pouvez faire de même si vous essayez de :

> reconnaître que les partis pris sont un phénomène dont nous sommes tous victimes ;

> vous mettre à la place de l'autre partie. Comment verriez-vous alors le problème ?

> présenter le problème à des collègues (sans leur révéler votre position) et leur demander leur avis.

Pour faire part de votre position à l'autre partie :

> essayez de lui présenter le problème comme vous le voyez et demandez-lui comment elle le voit de son côté ;

> faites appel à une comparaison ou à une situation fictive pour formuler le problème comme vous le concevez.

Afin de lutter contre la partialité, vous pouvez aussi inverser les rôles, comme dans l'exemple suivant :

> *Quand deux conseillers municipaux ont proposé d'agrandir le terrain de golf existant sur la commune, des écologistes locaux et des amateurs des activités de plein air ont protesté. « Un plus grand terrain municipal serait source d'importants bénéfices pour la commune », argumentaient les deux conseillers. « Faux, objectaient leurs opposants. Cela n'a aucun intérêt d'un point de vue économique et il faudra détruire le dernier bois qui nous reste pour le construire. »*
>
> *Face à cette division parmi ses électeurs, le maire a mis en place une commission d'enquête dans laquelle toutes les parties intéressées étaient représentées et l'a chargée de faire un rapport sur les différents avantages et inconvénients de l'agrandissement du golf. Chaque partie a exposé ses arguments : les conséquences économiques, l'impact sur l'environnement, l'intérêt pour la commune, etc. Mais aucune partie n'acceptait les arguments ou interprétations de l'autre. De plus, chacune remettait en cause l'honnêteté de son adversaire.*
>
> *Afin que les membres de la commission élaborent un rapport objectif, le maire a suggéré aux parties adverses d'inverser les rôles. Ainsi, les écologistes représenteraient les arguments avancés par les personnes en faveur de l'agrandissement du golf et inversement. Il a demandé à chaque partie de préparer des arguments cohérents et convaincants à partir des faits exposés par son adversaire.*
>
> *À la fin de cet exercice, chaque partie pouvait mieux apprécier le point de vue de l'autre. Même si elles étaient toujours en désaccord sur les points principaux, elles étaient désormais capables de rédiger un rapport pour le maire et la commune qui tenait équitablement compte de toutes les informations et de tous les points de vue.*

Si l'une de ces suggestions ne mène à rien, demandez à un tiers neutre et expert de vous apporter des conseils objectifs.

Les attentes irréalistes

Le consensus est difficile à trouver quand une ou plusieurs parties ont des attentes qui ne peuvent être comblées. Ceci écarte toute zone d'accord possible. De nombreuses personnes commettent cette erreur psychologique lorsqu'elles s'engagent dans les négociations. Voici un exemple :

> *Comme tout auteur en herbe, Émilie a lu des articles sur les merveilleux à-valoir que perçoivent certains auteurs pour leur manuscrit (voire leur proposition de manuscrit). « Le pape a reçu 4 millions d'euros, a-t-elle expliqué à une amie. Et Hillary Clinton 8 millions ! » Elle ne s'attendait pas à obtenir cette somme pour son livre de développement personnel,* Les Joies de la chasse ancestrale. *Après tout, c'était son premier livre. Mais elle espérait un à-valoir d'environ 100 000 €. Malheureusement, l'éditeur auquel Émilie a proposé une dizaine de pages ne l'a pas vu de cette façon : « Je suis désolé, mais 10 000 € est le maximum que nous sommes prêts à payer. »*
> *« Vous devez plaisanter, s'est-elle exclamée. Cela ne permet même pas de couvrir les trois mois de congés que j'ai pris pour écrire ce livre ! »*
> *Après avoir eu des échanges peu amènes avec l'éditeur, Émilie en a contacté un autre, qui – devinez quoi – a réagi de la même façon. « C'est honteux, vous ne connaissez pas votre boulot ! », s'est-elle écriée en rage.*
> *« Écoutez Émilie, lui a conseillé ce second éditeur. Il s'agit de votre premier livre ; vous n'avez pas encore fait vos preuves. De plus, le sujet de votre livre ne séduira qu'un tout petit nombre de lecteurs. Ce n'est pas avec un tel sujet que l'on écrit un best-seller. » Il n'avait pas encore prononcé ces mots qu'Émilie avait déjà raccroché.*
> *Après deux autres contacts tout aussi décevants, la meilleure amie d'Émilie lui a donné ce conseil : « Les contacts que tu as eus avec plusieurs grands éditeurs sont encourageants. Tous ont aimé ta proposition, mais aucun n'est prêt à te donner l'avance que tu réclames. C'est peut-être le maximum que tu puisses obtenir avec ce genre de livre. Tes attentes sont peut-être démesurées. »*
> *« Pas du tout, s'est-elle écriée, vexée. Ils essaient juste de profiter de moi ! »*

En effet, les attentes d'Émilie étaient en décalage par rapport à la réalité. Elle ne disposait pas non plus du pouvoir de négociation nécessaire pour les forcer à accepter son point de vue. Sans cette attente irréaliste, elle aurait pu négocier un accord avec l'un des quatre éditeurs.

Des situations comme celle-ci ne sont pas rares, mais ne sont pas pour autant insolubles. Dans le cas d'Émilie, son attente irréaliste a abouti à l'absence de ZAP (voir le chapitre 2). Le prix de réserve de l'éditeur étant autour de 10 000 € et celui d'Émilie autour de 100 000 €, il n'y avait tout simplement pas de zone de chevauchement dans laquelle un accord aurait pu être trouvé. Cette situation regrettable aurait pu être débloquée si les parties avaient fait appel à au moins l'une de ces solutions :

> **Un dialogue instructif.** L'éditeur aurait pu avoir une conversation posée et franche avec Émilie, au cours de laquelle il aurait indiqué le nombre d'exemplaires qu'il devait vendre afin de couvrir l'à-valoir de 100 000 €. Il aurait pu également citer les ventes de livres similaires, dont aucun ne s'est suffisamment vendu pour atteindre le niveau d'à-valoir attendu par Émilie. Par exemple, « Écoutez, Émilie, afin que votre livre rapporte 100 000 € de droits d'auteur, nous devrions vendre au moins 50 000 exemplaires, ce qui est à notre avis tout à fait improbable. Nous avons publié trois livres sur la cueillette ancestrale au cours des dernières années et aucun d'eux ne s'est vendu à plus de 12 000 exemplaires. Aimeriez-vous voir les chiffres de ventes par vous-même ? » Cela aurait pu inciter Émilie à baisser son prix de réserve de manière significative.

> **De nouvelles informations.** Émilie aurait pu fournir des informations (si jamais elle les avait à sa disposition) pour persuader l'éditeur d'augmenter son prix de réserve et ses attentes concernant les ventes futures. Par exemple, « Voici une lettre que j'ai reçue récemment du directeur du marketing du mensuel *Traditions*, qui compte 200 000 abonnés. Il me dit être intéressé par l'achat de 10 000 exemplaires pour les offrir à leurs nouveaux abonnés. »

Chacune de ces stratégies aurait permis de surmonter le problème des attentes irréalistes.

Alors que vous vous préparez à négocier avec votre responsable, votre client ou vos N – 1, quelles sont vos attentes ? Sont-elles réalistes ? L'autre partie aura-t-elle des attentes similaires sur des sujets de négociation clés ? Si vos attentes et les leurs sont très divergentes, cela pourrait mettre un terme aux négociations. En cas de divergences, cherchez à adapter vos attentes à la réalité et à des données factuelles.

En cas de divergences, cherchez à adapter vos attentes à la réalité et à des données factuelles

L'excès de confiance en soi

La confiance est une bonne chose. Elle nous donne le courage indispensable pour entreprendre des projets difficiles et incertains, tels que les négociations. Cependant, trop de confiance peut conduire à l'échec. Cela nous encourage à surestimer nos forces et à sous-estimer celles de nos rivaux. Songez à l'exemple de la guerre de Sécession. Chaque partie s'attendait à battre l'autre rapidement et à ce que ses hommes rentrent chez eux d'ici quelques semaines. Quatre ans et des centaines de milliers de victimes plus tard, les parties belligérantes combattaient toujours – à un point qu'aucune partie n'aurait pu imaginer. Cette erreur psychologique n'étant évidemment pas spécifique aux Américains, nous pourrions également citer l'exemple de la Marine impériale japonaise à l'aube de la bataille de Midway. Ses stratèges considéraient que la Marine américaine était incompétente et n'était pas prête à se battre. Cet excès de confiance les a poussés à prendre un risque stratégique, qui a entraîné de nombreuses pertes et a marqué un tournant dans la guerre du Pacifique.

C'est ce même excès de confiance qui conduit l'une des parties à rejeter le règlement à l'amiable au profit du contentieux. « Nous sommes fermement convaincus que le tribunal se prononcera en notre faveur. D'après nos avocats, nous avons un solide dossier. »

Les idées dissidentes sont réprimées en faveur de l'homogénéité

L'excès de confiance peut vous empêcher de remarquer des dangers comme des opportunités. Il est renforcé par une erreur psychologique, connue sous le nom de « pensée de groupe* ». Irving Janis, le psychologue de Yale à l'origine de ce terme, définissait la pensée de groupe comme « un mode de pensée auquel se prêtent des personnes profondément investies dans un groupe soudé, lorsque la tendance de ses membres à rechercher l'unanimité se fait plus forte que leur désir d'évaluer de manière réaliste les différentes possibilités d'action[3] ». La pensée de groupe est le résultat d'une convergence de pensée autour d'une norme. Malheureusement, cette convergence est dictée moins par l'objectivité que par les pressions sociales psychologiques. Au final, les idées dissidentes sont réprimées en faveur de l'homogénéité et de l'illusion d'infaillibilité qu'elle procure. Ceux qui « pensent autrement » sont soit rééduqués, soit évincés. Voici quelques caractéristiques de la pensée de groupe :

- une illusion d'invulnérabilité est partagée ;
- les preuves contradictoires sont occultées aux leaders ;
- les membres se contentent uniquement de confirmer des faits ;
- ceux qui ont des points de vue divergents sont censurés ;

3 JANIS Irving, *Groupthink: Psychological Studies of Policy Decisions and Fiascos*, Boston, Houghton Mifflin, 1982, p. 9.

- les solutions alternatives ne sont pas étudiées ;
- les membres d'un groupe extérieur sont dépréciés ou diabolisés.

Observez-vous l'un de ces symptômes dans votre équipe de négociation ? Si c'est le cas, voici une suggestion pour vous en débarrasser avant que la pensée de groupe ne provoque des erreurs de réflexion importantes : demandez à une équipe de personnes brillantes et respectées de trouver des données pertinentes et de les représenter objectivement. Cette équipe devra également étudier et faire un rapport sur chacune des hypothèses clés de votre groupe.

Les émotions non maîtrisées

On croit souvent que les émotions non maîtrisées se rencontrent lors des divorces et autres négociations d'ordre personnel, mais rarement dans le contexte professionnel. Or, c'est faux. Les ruptures de partenariats professionnels sont appelées des « divorces professionnels » à juste titre : cela génère une colère terrible et des insultes personnelles.

Les ruptures de partenariats professionnels sont appelées des « divorces professionnels »

Il est néfaste que la colère domine une négociation. Les parties cessent de se focaliser sur leur propre intérêt logique et rationnel. Nuire à l'autre partie devient alors l'objectif, même si cela va à l'encontre de nos intérêts. Voici un exemple :

Marc et Simon étaient les copropriétaires d'une petite entreprise, dont ils possédaient chacun le même nombre de parts. Marc voulait se retirer de l'entreprise pour se consacrer à d'autres intérêts. Il souhaitait également que son fils, Alexandre, prenne sa place et avait prévu de lui vendre progressivement ses parts.
« Hors de question, a déclaré Simon. Alexandre est tout à fait incompétent et je ne veux pas de lui ici pour qu'il détruise tout ce que j'ai bâti au fil des ans. »
« Que veux-tu dire, Simon, par "tout ce que tu as bâti" ? Cette entreprise a prospéré grâce à mon leadership et je veux que mon fils puisse se former aux affaires et construire son propre héritage. »
« Il faudra me passer sur le corps ! Soit tu me vends tes parts, soit je saborde cette entreprise. »

Cela ne ressemble-t-il pas à un pénible divorce? Lorsque les négociateurs ne maîtrisent pas leurs émotions, cela provoque de gros dégâts. C'est ce qui arrive souvent dans des entreprises familiales quand le fondateur et patriarche veut prendre sa retraite et remet les rênes au successeur qu'il a minutieusement choisi. Dans certains cas, les frères et sœurs s'en prennent les uns aux autres comme à leurs parents et ils ruinent pratiquement l'entreprise avec leur guerre personnelle et leurs procès onéreux.

Si cela se produit dans vos négociations, essayez de:

- convenir d'un délai de réflexion et de suggérer aux belligérants de se retirer chacun de leur côté ;
- recruter un modérateur neutre, dont le principal souci est les intérêts des parties belligérantes. Il parviendra ainsi à canaliser les émotions, à jouer le rôle d'intermédiaire et à exercer la « surveillance d'un adulte » nécessaire pendant la suite des négociations.

En l'absence de modérateur, vous pouvez:

- déterminer ce qui met en colère l'autre négociateur. Que signifie cet accord ou ce conflit à ses yeux? Écoutez-le très attentivement quand il se fâche. Cherchez des indices ;
- répondre à ce qui semble être le problème émotionnel. Exprimez de l'empathie pour ce qui importe à votre interlocuteur;
- vous souvenir qu'on est plus souvent fâché et frustré personnellement par ce qui est perçu comme de la tromperie, de l'injustice, une humiliation, une perte de fierté ou un manque de respect. Vous pouvez éviter ces terrains minés en centrant les conversations sur les questions et problèmes et non sur les individus et leur personnalité.

Si aucune de ces suggestions ne fonctionne, vous pourriez proposer une pause dans les négociations ou essayer de vous arranger pour travailler, si possible, avec un négociateur moins émotif. Vous pouvez aussi suggérer que les négociations se poursuivent en présence d'un médiateur neutre.

L'importance de l'équité

La colère et un comportement irrationnel sont souvent déclenchés par ce que l'une des parties considère comme une atteinte à l'équité. Elle renoncera alors parfois à des gains matériels si elle estime que l'accord les traite injustement. Demandez-vous comment la majorité des personnes réagiraient dans la situation suivante (que nous avons adaptée d'une anecdote relatée par Bazerman et Neale[4]).

---

4 BAZERMAN Max et NEALE Margaret, *ibid.*, p. 116.

Stéphanie et Georges déjeunent à la cafétéria de leur entreprise. Leur patron les rejoint et leur dit : « J'ai 100 € dans ma poche et je veux vous les donner. Mais à deux conditions. » En regardant Georges et en lui montrant une liasse de billets, il déclare : « La première, c'est que Georges doit décider comment partager cette somme entre vous deux. La seconde, c'est que je garderai cet argent si vous n'arrivez pas à vous mettre d'accord sur le mode de partage. »
Stéphanie et Georges sont tous deux étonnés par cette proposition, mais pas entièrement, puisque leur patron a toujours des lubies de ce genre. Georges se dit que toute somme qu'il attribue à Stéphanie est de l'argent qu'elle n'aurait pas autrement. Logiquement donc, elle devrait accepter tout partage qu'il lui propose. « Bien, dit-il. Voici le marché : je donne 20 € à Stéphanie et je garde 80 € pour moi. »
« Garde-les tes minables 20 €, s'exclame Stéphanie en quittant la table. C'est vraiment injuste. »
Le patron rit et remet la liasse dans sa poche, laissant Georges bredouille.

La leçon de cette anecdote est que ce qui est rationnel peut être mis à mal par le sentiment d'injustice éprouvé par une partie. Georges a supposé à tort que la logique de Stéphanie la pousserait à accepter le partage 20 €/80 €.

L'ESSENTIEL

Les erreurs psychologiques commises par les négociateurs peuvent aboutir à l'absence d'accord ou à la conclusion d'un mauvais accord. Ce chapitre a étudié cinq erreurs psychologiques fréquentes.

★ La surenchère (c'est-à-dire la surenchère irrationnelle) revient à dépasser le seuil fixé et à poursuivre les enchères au-delà de ce que recommanderait l'analyse rationnelle. Certaines personnes commettent cette erreur, car elles ne supportent pas de perdre. D'autres sont victimes de la fièvre des enchères.

★ Les partis pris correspondent au phénomène psychologique par lequel les personnes perçoivent la réalité avec partialité ou subjectivité.

★ Les attentes irréalistes sont contre-productives dans la mesure où elles excluent les possibilités de zone d'accord.

★ L'excès de confiance lors des négociations est dangereux. Il incite les négociateurs à surestimer leurs forces et à sous-estimer leurs adversaires. Ce sentiment est renforcé par la pensée de groupe, un mode de pensée induit par le consensus qui anéantit toute évaluation réaliste des alternatives. La solution à ces deux problèmes est qu'un ou plusieurs tiers objectifs examinent les hypothèses d'une partie.

★ Les émotions non maîtrisées sont souvent observées dans les négociations d'affaires et sont généralement nuisibles pour le négociateur en cause. Parmi les remèdes conseillés dans ce chapitre, citons le délai de réflexion et le recours à un modérateur objectif.

8

Quand les relations ont de l'importance

Gagner différemment

Les notions clés au programme de ce chapitre :

- **L'importance des relations dans certaines situations**
- **L'impact des relations sur les négociations**
- **Bien faire la différence entre conclure un accord spécifique et préserver la relation pour l'avenir**

Ce chapitre traite des négociations avec les collaborateurs, les clients, les fournisseurs, c'est-à-dire des parties avec qui le lien est important. Contrairement à de nombreuses situations où les négociateurs essaient d'obtenir la plus grosse part du gâteau, il s'agit ici de cas où la relation avec l'autre partie est tout aussi importante, sinon plus, que l'accord, notamment à long terme. Dans ce contexte, même si la négociation paraît purement conflictuelle, « gagner » ne revient pas uniquement à s'approprier le maximum de valeur.

Pourquoi les relations sont importantes

Les parties entretiennent des relations étroites et espèrent les préserver

On a tendance à considérer qu'une négociation se déroule entre des entités indépendantes qui cherchent à conclure l'accord qui leur sera le plus favorable possible, sans se préoccuper de l'avenir : un concessionnaire et un client potentiel, un plaignant et un constructeur dans une affaire de responsabilité décennale, des époux qui divorcent, etc. Même si cette impression se vérifie dans de nombreux cas, il existe d'autres négociations entre des personnes et des entités non indépendantes. Ces parties entretiennent des relations étroites et, pour une raison ou une autre, espèrent les préserver. Cela s'applique aux managers et leurs N – 1, aux fabricants et leurs fournisseurs principaux, aux employés qui recherchent l'aide d'autres personnes afin de mener à bien leur tâche.

Deux phénomènes des vingt dernières années expliquent le grand nombre de négociations où la relation joue un rôle essentiel. Le premier est le fait que les responsabilités et le pouvoir ne s'exercent plus de manière pyramidale, mais horizontale dans l'entreprise. Ainsi, le pouvoir est partagé à tous les niveaux, les managers ont plus de responsabilités et tous les salariés jouissent d'une plus grande autonomie dans leurs actions et leurs prises de décision. En raison de ce pouvoir décentralisé, la négociation a remplacé « vous ferez cela » par « voici ce qu'il y a à faire », mettant ainsi davantage l'accent sur les ressources et sur la réalisation du travail. Par conséquent, des solutions sont négociées entre des parties qui ont besoin de cultiver des relations étroites.

Ce changement *au sein* des entreprises s'accompagne en parallèle de changements *entre* elles. Les entreprises ont moins tendance à faire entrer en concurrence deux fournisseurs afin d'obtenir le meilleur contrat. Au lieu de mettre la pression sur leurs fournisseurs, de nombreuses grandes entreprises les considèrent comme des partenaires de long terme. Simultanément, les entreprises se sont engagées dans des joint-ventures et des alliances stratégiques – contextes dans lesquels les relations doivent être savamment gérées.
Enseignant à Harvard, John Kotter souligne l'importance des relations et met en évidence leurs caractéristiques :

> *De bonnes relations de travail reposant sur un mélange de respect, d'admiration, de besoin, de devoir et d'amitié sont une source de pouvoir essentielle qui rend possible la réalisation de projets. Sans ces relations, même la meilleure idée qui soit pourrait être rejetée ou contestée dans un contexte où la diversité nourrit la suspicion et où l'interdépendance empêche de donner des ordres à la majorité des acteurs clés*[1].

L'importance d'entretenir de bonnes relations affecte le comportement des négociateurs à l'égard de l'autre partie. Cela modère les comportements extrêmes pour s'approprier la valeur. Trois explications peuvent être avancées :

1. **Les négociateurs investissent sur l'avenir :** se montrer trop gourmand aujourd'hui risquerait de compromettre de futures transactions lucratives.

2. **Ils s'attendent à ce que l'autre partie leur rende la pareille :** en lâchant un peu de lest, ils espèrent une réciprocité future de la part de l'autre partie.

3. **De bonnes relations inspirent confiance :** cela réduit le coût qu'implique de vérifier que l'accord soit honoré et ses termes respectés.

L'incidence des relations sur les négociations

De toute évidence, les négociations entre des parties qui souhaitent préserver leur relation sont différentes de celles entre des parties qui ne lui accordent aucune valeur. En voici deux exemples :

1 KOTTER John, *Power and Influence*, New York, Free Press, 1985, p. 40.

Après trois ans de désaccords et de querelles permanents concernant la gestion de leur boutique de prêt-à-porter, Lucie et Sarah rompent leur partenariat commercial. Chacune rend l'autre responsable de cette scission et toutes deux sont trop amères pour décider ensemble de la répartition de l'actif/passif de la boutique.

L'entreprise Son & Hi-fi et l'un de ses fournisseurs principaux de pièces détachées, Pièces Dupont, règlent un conflit concernant un lot de 1000 transistors. « Nous connaissons un fort taux de réclamations au titre de la garantie sur des amplis fabriqués à partir de ces pièces, se plaint la responsable des achats de Son & Hi-fi. Nos analyses incriminent les transistors des Pièces Dupont. Nous enregistrons de grosses pertes à cause de ces réclamations et cela fait du tort à notre réputation de fabricant de matériel stéréo de qualité. » Le représentant des Pièces Dupont ne voit pas les choses sous le même angle. Néanmoins, les deux parties cherchent à résoudre leurs divergences, sans affecter leurs relations de travail futures.

Dans ces deux exemples, les parties en cause entretiennent des relations, mais les traitent tout à fait différemment. Lucie et Sarah négocient comme si leur relation n'avait aucun intérêt à l'avenir (ce qui semble être le cas). Chacune essaiera de réclamer la plus grosse part possible de ce qui reste de leur commerce. S'approprier la valeur est en réalité l'objectif principal des deux protagonistes.

En revanche, Son & Hi-fi et Pièces Dupont entretiennent une relation que chacun estime. En tant que fabricant, Son & Hi-fi sait d'expérience que travailler avec un nouveau fournisseur inconnu peut mettre en péril sa production. Cette entreprise considère que la meilleure méthode pour stabiliser sa production est de trouver des fournisseurs fiables et d'apprendre à travailler avec eux. Le point de vue des Pièces Dupont est similaire. Par conséquent, chacun est disposé à refréner son désir de victoire totale dans le conflit.

« Pièces Dupont est un partenaire qui a joué un rôle important dans notre croissance au cours des vingt dernières années et il s'agit là du premier véritable problème que nous rencontrons avec eux, explique le responsable des achats de Son & Hi-fi. Mais la qualité est si importante dans notre secteur que toute défaillance doit être gérée immédiatement et directement. Nous devons tenir compte de ces deux données. »

Le représentant des Pièces Dupont exprime une idée semblable :

> *« Son & Hi-fi est un client important et nous travaillons étroitement avec eux dans tous les domaines, depuis la conception de nouveaux produits jusqu'à la livraison juste-à-temps. Nous ne pensons pas que nos transistors soient la cause de leurs problèmes et nous voulons travailler avec eux pour le leur prouver – et pour trouver d'où venait réellement le problème. »*

Dans les deux exemples, la valeur à s'approprier peut être symbolisée par un gâteau d'une taille fixe, comme le montre la figure 8.1. Lucie et Sarah voient ce gâteau comme une valeur financière de 100 % et chacune essaie d'obtenir la plus grosse part possible. En ce qui les concerne, il n'y a pas de valeur relationnelle. En revanche, l'entreprise de matériel hi-fi et son fournisseur reconnaissent que des valeurs à la fois financières et relationnelles sont en jeu. Tous deux savent que réclamer trop agressivement la valeur financière réduira la valeur relationnelle.

Figure 8.1

LES VALEURS FINANCIÈRES ET RELATIONNELLES

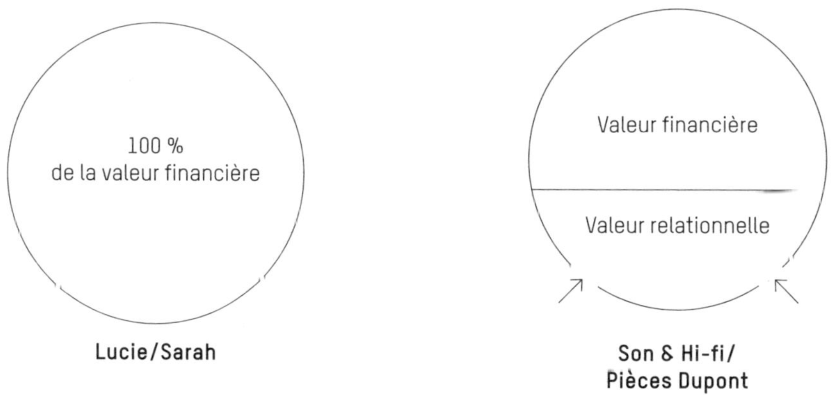

Il nous faut à présent évoquer une subtilité importante : même si Son & Hi-fi et Pièces Dupont considèrent leur relation comme une composante de la négociation, il est très probable qu'aucune partie ne l'évalue exactement de manière identique.

L'une accordera très certainement beaucoup plus de valeur à la relation que l'autre. Il y a également de très fortes chances qu'aucune partie ne puisse :

> **Quantifier la valeur qu'elle confère à cette relation.** En réalité, l'évaluation de cette valeur est susceptible de varier d'un individu à l'autre au sein de la même entreprise. Par exemple, la responsable des achats de Son & Hi-fi a peut-être un point de vue sur la relation avec Pièces Dupont très différent de celui du directeur financier. Ce dernier sera plus intéressé par des mesures financières. Quant à la responsable des achats, elle se préoccupera également des questions d'argent, mais aussi de la fiabilité du fournisseur en matière de livraison, de son taux de pièces défectueuses et de son aptitude à augmenter rapidement sa production pour répondre à la demande des clients.

> **Savoir à combien l'autre estime leur relation.** Par exemple, la responsable des achats de Son & Hi-fi peut avoir sa propre idée sur la valeur de cette relation, mais elle ne peut savoir avec certitude à combien les Pièces Dupont, en tant qu'entreprise, l'évaluent. « Estiment-ils tellement notre relation qu'ils accepteront notre demande de compensations financières ? », se demande-t-elle.

Ces deux formes d'incertitude auront une incidence sur les tactiques employées et sur le degré d'implication des deux parties dans les tractations.

Maintenant, envisagez les négociations que vous conduisez actuellement et essayez de répondre à ces questions :

> **À quel point l'aspect relationnel devrait-il avoir une influence sur mes objectifs et stratégies de négociation ?** Pour répondre, vous devriez prendre en compte deux paramètres : premièrement, dans quelle mesure ferez-vous affaire avec l'autre partie à l'avenir et, deuxièmement, à combien évaluez-vous approximativement les bénéfices que vous espérez recevoir grâce à des négociations futures avec cette partie ? De toute évidence, s'il y a peu de chances pour que vous renégociiez avec elle, il est inutile de vous soucier de l'aspect relationnel. Revendiquer de la valeur devrait être alors votre objectif. Dans le cas contraire, vous devez estimer mentalement les futurs bénéfices et développer une stratégie pour créer de la valeur et la partager entre vous.

> **Dans quelle mesure notre relation est-elle importante pour mon interlocuteur ?** Si vous pouvez répondre à cette question, vous saurez jusqu'où vous pouvez aller pour vous approprier de la valeur. Afin d'y répondre, mettez-vous à la place de l'autre partie et interrogez-vous sur les deux paramètres qui viennent d'être évoqués : les probabilités d'accords futurs avec l'autre partie et une estimation des bénéfices à venir grâce à ces accords.

La distinction entre l'accord et la relation

L'expert en négociation, Danny Ertel, évoque les problèmes liés aux négociations où les termes de l'accord et la relation s'entremêlent :

> *[Les négociateurs] craignent, en négociant aujourd'hui trop âprement pour obtenir le meilleur accord possible, de compromettre la possibilité que leur entreprise fasse affaire demain avec l'autre partie. Ou ils craignent, en accordant trop d'importance à la relation, de finir par faire trop de concessions et par conclure un accord qui leur est défavorable. Bien que naturelle, une telle confusion est dangereuse. Les négociateurs s'exposent alors au risque de se faire manipuler par l'autre partie*[2].

Il vaut mieux établir une nette distinction entre les composantes de l'accord et celles de la relation

Le danger de la manipulation est bien évidemment plus grand lorsqu'une partie fait cas de la relation et l'autre non. Ertel donne l'exemple d'un cabinet comptable qui doit renouveler chaque année son contrat d'audit avec un gros client. Celui-ci souhaite conclure un accord à moindre prix, tandis que le cabinet recherche une relation durable. Ainsi, lorsque le client exige un prix moins élevé, le cabinet cède au nom de leur relation. Toutefois, si cela se répète au fil des ans, le contrat ne sera plus rentable pour le cabinet.

Cela vous rappelle-t-il vos négociations ? Si c'est le cas, vous pourriez vous interroger sur la valeur réelle de votre relation avec les clients concernés. À quel point est-elle rentable ? « Pendant des années, écrit Ertel, j'ai demandé à des centaines de managers de réfléchir à leurs relations de travail et de se demander à quel type de clients ils font le plus de concessions, accordent le plus de faveurs coûteuses et cèdent généralement plus de valeur[3]. » En général, leur réponse, explique-t-il, est qu'ils font les concessions aux clients les plus difficiles et les moins intéressants – et toujours dans l'espoir vain que leurs relations s'améliorent !

Comment pouvez-vous éviter de tomber dans ce piège ? Le conseil d'Ertel est de distinguer l'accord de la relation, c'est-à-dire d'établir une nette distinction entre les composantes de l'accord et celles de la relation. Pour vous y aider, vous pouvez créer une liste semblable à celle du tableau 8.1 : dans une colonne, figurent tous les problèmes concernant l'accord et, dans l'autre, toutes les questions d'ordre relationnel.

---

2 ERTEL Danny, « Faire de la négociation une compétence d'entreprise », in *Harvard Business Review – Négociation et Résolution de conflits*, Paris, Éditions d'Organisation, 2001.

3 *Ibid.*

//

Ne voyez pas la négociation comme un jeu de bascule où si vous améliorez la relation d'un côté, vous devez de l'autre vous résoudre à un accord défavorable. Au contraire, les deux devraient être soit améliorés, soit dégradés en parallèle.

\\\

Selon Ertel:

Une relation forte génère de la confiance, ce qui permet aux parties de partager des informations plus librement, ce qui, à son tour, suscite des accords plus créatifs et plus intéressants ainsi qu'une plus grande volonté de poursuivre la collaboration. Mais quand un accord peu attractif pour l'une ou les deux parties est conclu, il y a de fortes chances qu'elles consacrent moins de temps et consentent moins d'efforts à la collaboration, qu'elles hésitent davantage à communiquer et que leur relation devienne tendue[4].

Tableau 8.1

DIFFÉRENCIER LES ENJEUX D'UNE NÉGOCIATION

Enjeux de l'accord	Enjeux relationnels
Prix en fonction de différents paliers	Identification d'objectifs mutuels à long terme
Contrats de service	Identification d'objectifs et d'intérêts individuels
Remplacement du matériel obsolète	Possibilités de collaboration future
Clauses litigieuses	Confiance et respect maintenus
Clauses de résiliation	/
Attribution des responsabilités du vendeur d'après le contrat	/

(Source: Adapté avec la permission de Danny ERTEL, «Faire de la négociation une compétence d'entreprise», in *Harvard Business Review – Négociation et Résolution de conflits*, Paris, Éditions d'Organisation, 2001.)

4 *Ibid.*

La figure 8.2 illustre le point de vue d'Ertel sur le cycle accord/relation. Selon la « méthode classique », l'exploitation de l'accord par une partie crée un cercle vicieux de méfiance et de rétention d'information. L'accord comme la relation finiront par en pâtir et un état d'esprit « gagnant perdant » prévaudra. Selon la « meilleure méthode », les négociateurs ne se sentent pas obligés de marchander une bonne relation contre un bon accord. Par conséquent, ils échangent des informations et des idées créatives plus librement, augmentant de ce fait les possibilités de l'accord. Cela conduit à un cercle vertueux de confiance accrue et d'accords servant les intérêts principaux de toutes les parties.

Figure 8.2

LE CYCLE ACCORD/RELATION

MÉTHODE CLASSIQUE

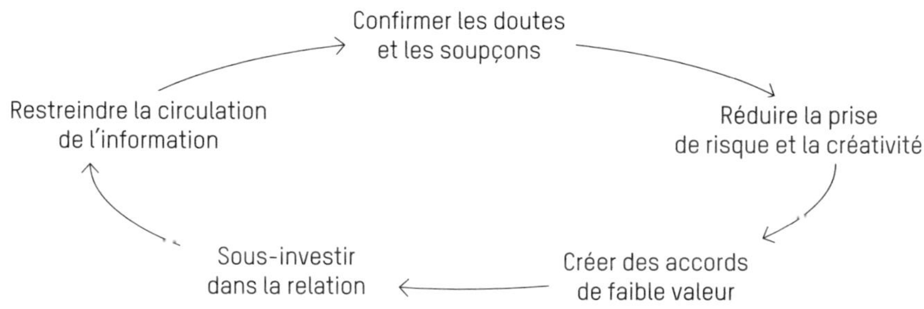

MEILLEURE MÉTHODE

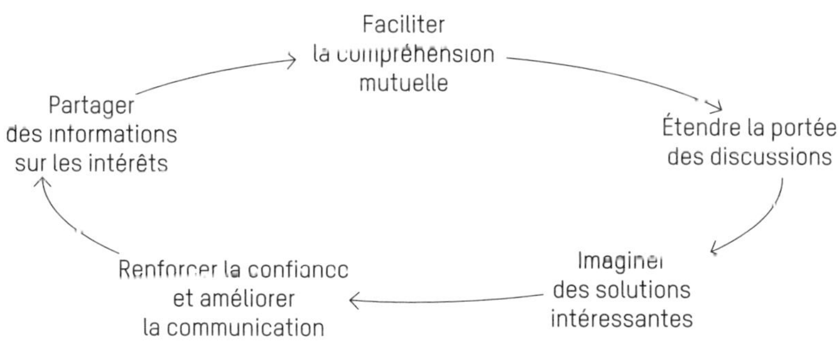

(Source : Adapté avec la permission de Danny ERTEL, « Faire de la négociation une compétence d'entreprise », in *Harvard Business Review – Négociation et Résolution de conflits*, Paris, Éditions d'Organisation, 2001.)

//

Ce n'est pas parce qu'entretenir des relations pérennes est l'un des principaux objectifs stratégiques de votre entreprise qu'il ne faut poursuivre que cet objectif. Vous éviterez ainsi de payer le prix fort. Pourquoi ? Car de nombreuses entreprises retournent sans cesse leur veste. D'un côté, elles affirment que les relations durables leur tiennent à cœur. De l'autre, elles récompensent généralement les négociateurs qui ont obtenu des avantages financiers ou quantifiables : l'accord le plus avantageux, un contrat à moindre coût avec le fournisseur, les clauses les plus favorables, etc. Nous détaillerons plus loin ce problème (et ses solutions).

\\

Quelques conseils pour gérer le facteur relationnel

Si vous voulez entretenir une relation, gérez-la comme vous le feriez pour toute autre activité qui vous importerait.

> **Instaurez la confiance.** Lorsqu'une personne a des preuves tangibles que les actes de son interlocuteur sont conformes à ses paroles, cela lui inspire confiance. Par conséquent, évitez de faire des promesses que vous ne saurez tenir et honorez toujours vos engagements. Vous pouvez également établir la confiance en reconnaissant et respectant les principaux intérêts de l'autre partie.

> **Communiquez.** Chaque partie devrait faire part à l'autre de ses intérêts, de ses possibilités et de ses préoccupations. Par exemple, si vous avez accepté de mener en trente jours une enquête client pour le directeur adjoint du marketing et que vous rencontrez des difficultés, dites-le-lui.

> **Ne passez jamais sous silence les erreurs.** Il est probable que vous commettiez des erreurs. Les reconnaître et les résoudre – rapidement – est toujours la meilleure solution à adopter.

> **Demandez un feed-back.** Même si tout semble se passer comme prévu, ne supposez jamais que l'autre partie voie les choses de la même manière. Cherchez activement à découvrir les problèmes. L'autre partie vous en sera reconnaissante. Posez des questions comme : « Est-ce que tout se passe comme vous l'aviez envisagé ? », « Les pièces détachées sont-elles livrées à votre usine à la date prévue ? », « Mon rapport reprenait-il tous les points importants ? »...

L'ESSENTIEL

Ce chapitre a étudié l'importance des relations, composante clé de nombreux accords de nos jours, non seulement entre les différentes entités, mais aussi entre les salariés d'une même entreprise.

★ Le fait que les entreprises soient plus horizontales et qu'elles souhaitent établir des liens durables avec les fournisseurs sont deux raisons importantes expliquant pourquoi les relations tiennent de nos jours une place centrale dans beaucoup de négociations.

★ Puisque les relations entrent en ligne de compte dans les débats, cela modère les comportements extrêmes d'appropriation de la valeur. Les parties négociantes comprennent qu'essayer trop durement de réclamer de la valeur aujourd'hui risque de leur faire perdre des occasions d'obtenir de la valeur demain.

★ Les parties pour lesquelles la relation ne revêt aucune importance peuvent s'approprier agressivement la valeur.

★ Même lorsque les deux parties reconnaissent l'existence d'une composante relationnelle, il est probable qu'elles ne lui accordent pas la même valeur. Par conséquent, il se peut que la partie pour laquelle la relation est plus importante se fasse manipuler.

★ Les négociateurs doivent faire la distinction entre conclure un accord donné et entretenir une relation durable.

9

Négocier pour autrui

À qui cela profite-t-il ?

Les notions clés au programme de ce chapitre :

- **Les raisons incitant à engager un mandataire.**
- **Les problèmes (et leurs solutions) d'asymétrie d'information, d'intérêts divergents et de conflits d'intérêts.**

Dans certains cas, les personnes et les entreprises défendent leurs propres intérêts. Dans beaucoup d'autres, cependant, elles se font représenter : par un mandataire indépendant recruté pour une négociation en particulier, par un mandataire non indépendant (c'est-à-dire un salarié) chargé de représenter son entreprise, ou par un officiel d'une organisation, tel qu'un délégué syndical, dont la responsabilité est de faire valoir les intérêts de ses membres. Ce chapitre envisage le rôle de ces différents représentants et les problèmes que leurs actions peuvent éventuellement soulever.

Les mandataires indépendants

Un mandataire* est une personne chargée de représenter les intérêts d'un autre (un mandant) lors des négociations avec un tiers. De nombreux professionnels (avocats, comptables, courtiers) sont engagés pour agir au nom d'autrui. Songez au rôle d'un avocat dans le règlement d'un divorce. Nous pourrions le considérer comme un mandataire, puisqu'il représente un client en échange d'honoraires. L'avocat n'a aucun lien avec le client, si ce n'est qu'il l'a engagé pour le représenter d'une manière extrêmement définie : rédiger les documents juridiques, établir une position et négocier un arrangement avec la partie adverse – et, éventuellement, défendre ce client au tribunal.

En théorie, cet avocat doit mettre de côté ses intérêts personnels et se soucier uniquement de ceux de son client. À la fois de par son statut et de par l'usage, il s'est engagé envers son client à agir ainsi. En pratique, personne ne peut représenter quelqu'un de manière totalement désintéressée. L'avocat sera préoccupé par sa réputation et par le temps que cette affaire lui prend, ce qui aura inévitablement une incidence sur ses actes.

Personne ne peut représenter quelqu'un de manière totalement désintéressée

Généralement, on fait appel à un mandataire indépendant pour nous représenter pour une ou plusieurs de ces raisons :

> **Le mandataire a une plus grande expertise.** Engager les services d'un mandataire est généralement judicieux lorsque l'autre partie est plus expérimentée, s'y connaît davantage ou sait mieux négocier que nous.

Par exemple, Paul, âgé de 19 ans, sait marquer un panier de basket peu importe où il se trouve sur le terrain, mais il n'y connaît rien en matière de contrats ou de salaires qu'il pourrait gagner en intégrant une grande équipe de basket. Admettant ses lacunes dans ce domaine, il engage un agent qui a des connaissances et de l'expérience dans la négociation de contrats.

> **Cela permet de mettre de la distance entre l'autre partie et nous.** Négocierez-vous avec un ami ou un associé que vous appréciez ? Si oui, êtes-vous prêt à vous montrer dur en affaires ? Probablement pas, car cela pourrait nuire à votre relation. En engageant un mandataire, vous pouvez établir une distance entre l'autre partie et vous, évitant de ce fait quelques (mais pas tous) problèmes relationnels.

Voyez l'exemple de Véronique, un auteur de romans à l'eau de rose à succès. Elle est sur le point de négocier un contrat pour son prochain roman, La Duchesse essoufflée. *Afin de ne pas mettre à mal sa relation de travail avec son éditeur, Thomas, elle engage un agent littéraire pour la représenter lors des négociations de contrat. Puisque son agent n'est pas ami avec Thomas, il n'hésitera pas à faire pression pour obtenir un à-valoir plus conséquent et le meilleur contrat possible pour Véronique.*

Les mandataires non indépendants

Certains individus jouent le rôle de représentants non indépendants au cours des négociations. Un responsable des achats négocie régulièrement avec des fournisseurs au nom de son employeur. Il agit comme le mandataire de son employeur, mais, contrairement à l'avocat évoqué précédemment, il fait partie de la société pour laquelle il négocie. Cela vaut également pour un délégué syndical négociant les conventions collectives avec le patronat, ou pour le directeur de la publicité d'une entreprise, dont la mission est de recruter une agence de publicité et de négocier les conditions de paiement ainsi que les délais de livraison.

Les problèmes liés au mandat

Que le mandataire soit indépendant ou qu'il fasse partie de l'entreprise, la décision de se faire représenter présente quelques problèmes majeurs : l'asymétrie d'information, les intérêts divergents des différents mandants et les conflits d'intérêts.

L'asymétrie d'information

L'asymétrie d'information* signifie simplement qu'une partie dispose de plus d'informations que l'autre. Cela peut poser problème. Si le mandant possède plus d'informations que le mandataire, alors ce dernier peut ne pas savoir comment représenter au mieux le mandant. Cependant, c'est plus souvent le mandataire (qu'il soit indépendant ou non) qui détient le plus d'informations. Certaine d'entre elles sont dues à la plus grande expertise du mandataire ; d'autres informations essentielles sont recueillies à la table même des négociations. Si le mandataire possède plus d'informations que le mandant, cela peut générer un problème de confiance entre le mandant et lui. Voici un exemple :

Si le mandataire possède plus d'informations que le mandant, cela peut générer un problème de confiance

Joël est le responsable des achats de Mobilier Déjanté, un fabricant de meubles de bureau et d'espaces de travail. Avec Jeanne, la responsable de la fabrication de l'entreprise, ils ont été désignés pour négocier avec Comme il vous plaira, un fournisseur spécialisé dans les matériaux pour les fabricants de meubles. Les deux entreprises n'ont jamais fait affaire ensemble auparavant.

La stratégie qu'adopte généralement Mobilier Déjanté avec ses fournisseurs est d'obtenir d'eux le prix le plus bas et les meilleures conditions, souvent en faisant entrer en concurrence deux fournisseurs. L'équipe de direction s'est construite autour de cette méthode. Cependant, Joël et Jeanne commencent à la remettre en question. Comme il vous plaira a démontré sa capacité à assurer une livraison juste-à-temps et le prémontage de composants clés. Elle est également capable d'assumer la responsabilité d'autres besoins en matériaux en tant que fournisseur de premier niveau, ce qui permettrait à Mobilier Déjanté de sous-traiter quelques activités sans valeur ajoutée.

Joël et Jeanne apprécient également à leur juste valeur les retours très satisfaits de leurs clients : Comme il vous plaira honore ses engagements. « Un accord avec Comme il vous plaira nous aidera à moderniser la production de la chaîne d'assemblage, déclare Jeanne, et nous donnera une réelle occasion de passer à une production rapide et sur mesure.» Joël abonde dans son sens et ajoute que cet accord réduirait les stocks de matériaux et les coûts induits: «Nous paierons plus si nous faisons affaire avec ce fournisseur, mais nous gagnerons de réels avantages en fabrication et en pouvant livrer le client plus rapidement.»

Dans cet exemple, Joël et Jeanne ont rassemblé des informations cruciales pendant leurs négociations avec les représentants de Comme il vous plaira. Elles leur ont permis d'envisager des possibilités d'améliorer leur méthode de fabrication et de dépasser la négociation gagnant perdant au profit de la création de valeur. Cependant, les décisionnaires de l'entreprise ne connaissent pas ces informations et leurs subtilités. Tout ce qu'ils savent, c'est qu'un contrat avec ce nouveau fournisseur leur coûtera plus d'argent. «Je commence à me demander si Joël et Jeanne savent ce qu'ils font», s'interroge le P-DG. L'asymétrie d'information a creusé un fossé entre les mandants et leurs mandataires et a engendré de la méfiance.

Comment éviter les problèmes liés à l'asymétrie d'information? Voici quelques suggestions:

- autant que faire se peut, les mandants devraient informer les mandataires de leurs intérêts (ce qui leur importe);
- les mandataires devraient régulièrement transmettre aux mandants les informations obtenues à la table des négociations. Elles devraient être discutées et le mandataire devrait demander: «À la lumière de ces nouvelles informations, comment devrais-je procéder?»

Les intérêts divergents

De nombreux mandataires sont confrontés au défi de servir des intérêts internes divergents. Toutes les organisations (qu'il s'agisse d'un syndicat, d'une entreprise ou d'un service) ne sont pas sur la même longueur d'ondes concernant leurs principaux intérêts. Les mandataires se retrouvent de ce fait dans une position difficile. Comment les problèmes devraient-ils être priorisés? Dans le pire des cas, où faire des compromis? Les intérêts d'autres personnes sont-ils en jeu? Voici un exemple:

En tant que délégué d'une section locale du syndicat des toiletteurs, Yves a découvert qu'il devait représenter des intérêts hétérogènes. Cette section est principalement préoccupée par des questions de sécurité. «Nos membres veulent une cotte de mailles intégrale pour toiletter les chats, lui a expliqué

le président de cette section pendant un briefing. Avez-vous déjà toiletté un matou de 9 kilos en toute sérénité ? »
Yves comprend les préoccupations de cette section, mais il doit aussi prendre en considération les questions plus larges de rémunération, d'avantages sociaux et de conditions de travail. S'il sacrifie l'un de ces objectifs pour résoudre le problème de sécurité de ce groupe, il établira un précédent qui pourra être source de problèmes pour les autres sections du syndicat qui ont des intérêts différents.

La meilleure solution est de communiquer avec les parties prenantes, afin de trouver un consensus au sujet des priorités

Il n'y a pas de réponse simple pour gérer une situation telle que celle-ci. Les hommes politiques sont confrontés tous les jours à ce problème et essaient en général de le résoudre en promettant de donner quelque chose à chacun. C'est rarement possible dans le milieu des affaires, où on ne peut se débarrasser des contraintes à l'aide d'une loi. À l'instar du problème d'asymétrie d'information, la meilleure solution est de communiquer avec les parties prenantes, afin de trouver un consensus au sujet des priorités. Dans cette situation, le mandataire doit jouer le rôle d'éducateur, en aidant les mandants à comprendre les réalités externes. Parfois, il doit être à l'initiative de coalitions.

Les conflits d'intérêts

Le troisième problème majeur dans les relations mandant/mandataire est le fait que tout mandataire est susceptible d'avoir un ordre du jour personnel et qu'il peut entrer en conflit avec celui du mandant. Michael Watkins et Joel Cutcher-Gershenfeld citent l'exemple des agents sportifs et artistiques pour montrer comment l'intérêt personnel d'un mandataire peut éclipser celui du client : « Ces agents peuvent même rechercher la controverse ou adopter des comportements destinés à séduire de futurs clients – ce qui a des répercussions neutres ou négatives pour les clients qu'ils sont censés représenter actuellement[1]. » Les agents sportifs et artistiques ambitieux ne sont pas les seuls représentants qui peuvent être tentés d'orienter les négociations en leur faveur. Songez à un cadre chargé de négocier un important contrat. Si plusieurs personnes de son entreprise sont concernées par l'issue de ces négociations, ce cadre peut avoir envie d'obtenir une issue favorable pour celle qui sera la plus à même de faire avancer sa carrière.
Ce type de problème se rencontre très souvent et même au sommet de la hiérarchie. Les P-DG par exemple sont, au final, des agents des actionnaires. Ils sont engagés pour maximiser leur richesse et un objectif quantitatif les y contraint. Cependant, cet objectif n'a pas empêché de nombreux P-DG de se récompenser avec des à-côtés

1 WATKINS Michael et CUTCHER-GERSHENFELD Joel, « Reprensenting Others in Negotiations », papier présenté à l'Academy of Management, août 1997 ; réédition dans *Negotiating on Behalf of Others: Advised to Lawyers, Business Executives, Sports Agents, Diplomats, Politicians, and Everybody Else*, sous la dir. de MNOOKIN Robert, SUSSKIND Lawrence et FOSTER Pacey, New York, Sage, 1999.

considérables ou en concluant des parachutes dorés avec le conseil d'administration. Généralement, les entreprises (et les actionnaires) ont recours à des compléments de rémunération pour faire converger les intérêts des mandataires avec les leurs. L'idée est simple en théorie : les mandataires font bien les choses seulement si l'entreprise qu'ils représentent fait bien les choses. Les primes, l'intéressement et les stock-options sont les principaux outils permettant cette convergence. Toutefois, cette idée simple est difficile à mettre en pratique. Watkins et Cutcher-Gershenfeld notent que « c'est impossible pour un mandant de concevoir un système de motivation qui fasse parfaitement coïncider les intérêts de l'agent avec les siens[2] ». Si vous créez un système de rémunération au rendement, votre mandataire salarié déploiera immédiatement toute son ingéniosité à développer des stratégies en sa faveur.

Les mandataires font bien les choses seulement si l'entreprise qu'ils représentent fait bien les choses

//

Les compléments de rémunération sont peut-être des outils imparfaits pour contrôler le comportement d'un mandataire, mais c'est toujours mieux que rien. Lorsqu'ils sont associés à une communication et un contrôle étroits, ils garantissent que les intérêts des mandants soient correctement représentés au cours des négociations.

\\\

2 *Ibid.*

L'ESSENTIEL

★ Un mandataire est chargé de représenter les intérêts d'un autre (un mandant) dans les discussions avec un tiers.

★ On fait appel à lui lorsqu'il a une plus grande expertise et que l'on souhaite minimiser le risque d'altérer notre relation avec l'autre partie.

★ Trois problèmes majeurs se posent dans la relation mandant/ mandataire :

1. Lorsqu'une partie dispose de plus d'informations que l'autre, on parle d'asymétrie d'information. Si le mandant détient beaucoup plus d'informations que le mandataire, ce dernier peut connaître des difficultés pour représenter les intérêts du mandant ; dans le cas contraire, le mandataire peut découvrir des possibilités de création de valeur que le mandant ne comprend pas ou ne sait pas apprécier.

2. Toutes les entreprises ne sont pas sur la même longueur d'ondes concernant leurs principaux intérêts, ce qui place leurs représentants dans une position difficile.

3. Les mandants doivent empêcher les mandataires de faire passer leurs intérêts avant les leurs. Les compléments de rémunération peuvent être alors utiles, surtout si un contrôle et une communication étroits sont mis en place en parallèle.

10

Les compétences en négociation

Développer une compétence d'entreprise

Les notions clés au programme de ce chapitre :

- **L'amélioration continue : apprendre de chaque expérience.**
- **Le développement d'un savoir-faire en négociation au sein de l'entreprise.**
- **Les qualités d'un négociateur performant.**

La majorité des entreprises comprennent désormais combien il est crucial d'acquérir un cœur de compétence dans les domaines essentiels à leur stratégie. Pour certaines d'entre elles, le développement de nouveaux produits est un cœur de compétence ; pour d'autres, il s'agit du marketing ou de l'ingénierie. Beaucoup exigent des compétences dans plusieurs domaines. Ces compétences rendent l'application d'une stratégie ambitieuse possible et garantissent les réussites actuelles et à venir.

Négocier est l'un des domaines dans lesquels les entreprises ont besoin d'un solide savoir-faire, même si peu d'entre elles le voient sous cet angle. Comme nous l'avons mis en évidence tout au long de ce livre, les compétences en négociation sont indispensables pour qu'interagissent efficacement les managers et leurs N – 1, les différents services entre eux, les entreprises et leurs fournisseurs, leurs clients, les syndicats, etc. En effet, elles contribuent au succès global de l'entreprise. Ainsi, les entreprises – y compris la vôtre – doivent se demander comment elles pourraient améliorer les compétences en négociation de leurs collaborateurs. Ce chapitre vous apporte des solutions.

L'amélioration continue

Au cours des vingt dernières années, les managers ont adopté l'analyse des processus. Celle-ci repose sur deux piliers. Le premier est que la majorité des tâches accomplies dans les entreprises (depuis la gestion des notes de frais à l'expédition des commandes, en passant par le développement de nouveaux produits) sont le résultat de processus. Les processus* sont des activités qui transforment des contributions en des résultats de plus grande valeur. Le second pilier est que les processus peuvent être améliorés. Ils peuvent être plus rapides, plus rentables ou plus efficaces, grâce à l'analyse, à des corrections et à l'application de savoirs. Ces deux principes

L'amélioration continue : l'un des concepts les plus puissants, apparu ces derniers temps dans le milieu professionnel

fondamentaux sont la base de l'amélioration continue, l'un des concepts les plus puissants, apparu ces derniers temps dans le milieu professionnel.

L'amélioration continue peut s'appliquer à tout processus dans n'importe quel secteur. Lorsque Motorola a fait de Six Sigma Qualité l'objectif à long terme de son programme de fabrication, l'entreprise visait l'amélioration continue, ce qui lui a permis de réduire les défauts de ses produits à quelques-uns pour un million. Grâce à l'amélioration de la qualité des produits, Motorola a augmenté au fil des ans son chiffre d'affaires de plusieurs milliards de dollars.

Le concept d'amélioration continue s'est étendu à d'autres secteurs de l'économie et à d'autres activités. Les banques utilisent l'amélioration continue des processus afin de réduire le temps nécessaire pour approuver ou rejeter une demande de prêt de plusieurs jours à plusieurs heures, sans nuire à la qualité de la prise de décision. Les compagnies d'assurances les ont imitées pour le traitement des réclamations. L'amélioration continue peut également être adaptée à la gestion des négociations par les individus et les entreprises.

Dans ce contexte, le concept d'amélioration continue permet d'optimiser l'efficacité des compétences internes d'une entreprise et, au fil du temps, de doper les résultats financiers. Alors pourquoi ne pas appliquer l'amélioration continue au processus de négociation ? Imaginez seulement combien votre entreprise se porterait mieux si les négociations avec les fournisseurs, les clients, les partenaires d'alliance et les salariés étaient ne serait-ce que 10 % meilleures qu'aujourd'hui. Les coûts matériels seraient moindres. Les relations avec les clients et les partenaires seraient plus étroites et plus rentables. La collaboration entre les salariés serait plus intense, ce qui générerait de plus grands bénéfices pour toute l'entreprise. Chacune de ces améliorations serait certainement à l'origine de meilleurs résultats financiers.

Le concept d'amélioration continue permet d'optimiser l'efficacité des compétences internes d'une entreprise et, au fil du temps, de doper les résultats financiers

La première phase de l'amélioration continue des négociations est de considérer la négociation comme un processus aux étapes plutôt universelles (voir figure 10.1). Qu'une négociation implique deux personnes ou plus, que son but soit de régler une action en dommages et intérêts ou un contrat de travail, on retrouve généralement ces étapes. Chacune d'elles constitue une possibilité d'amélioration et devrait être analysée avec cet objectif en tête.

La seconde étape consiste à s'organiser afin d'acquérir des connaissances pendant le déroulement même du processus mais également à la fin des négociations. Par exemple, les participants devraient continuellement évaluer leurs progrès durant les débats et revoir si nécessaire leur stratégie. Ils devraient aussi utiliser ce qu'ils ont appris pendant une phase des négociations pour préparer la suivante (cela est représenté dans la figure par le cycle « Évaluation et apprentissage continus »/« Préparation »/« Négociations »). Par ailleurs, les négociateurs devraient bien évidemment dresser un bilan après chaque négociation, afin de déterminer ce qui a fonctionné, ce qui a échoué et comment ils peuvent capitaliser cette expérience pour améliorer l'issue des prochaines négociations.

Enfin, les enseignements de ce bilan devraient être consignés afin de pouvoir les diffuser facilement et qu'ils soient réutilisés par d'autres négociateurs : formations, check-lists et bases de données (l'acquisition et la réutilisation des connaissances sont symbolisées dans la figure 10.1 par la flèche entre « Acquisition des connaissances » et « Prénégociation » et qui réinitialise le cycle).

Figure 10.1

LE PROCESSUS DE NÉGOCIATION : ACQUISITION ET RÉUTILISATION DES CONNAISSANCES

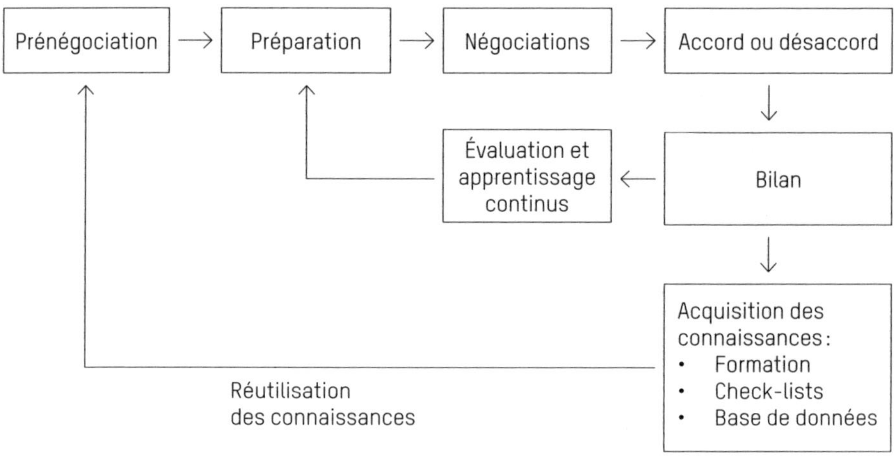

Alors que vous vous préparez à améliorer vos processus et compétences en négociation, reconnaissez la nécessité de surpasser quatre obstacles majeurs :

> les issues d'une négociation ne sont pas toujours claires. Par exemple, le négociateur qui négocie un prix très bas avec un fournisseur clé peut ne pas comprendre qu'il a détérioré une relation importante ;

> dans certains cas, on ne peut pas évaluer les véritables conséquences d'une négociation avant plusieurs années ;

> lorsque l'on tire les leçons des expériences de négociation, on ne peut pas toujours dire : « Telle action a produit tels résultats. » L'existence de nombreuses variables non maîtrisables peut rendre une telle certitude impossible ;

> les individus peuvent ne pas avoir envie de partager leur savoir-faire en négociation avec autrui.

Néanmoins, l'expérience et l'apprentissage qui en découle peuvent aider les négociateurs à progressivement améliorer leurs performances. En outre, les connaissances ainsi accumulées peuvent servir à former d'autres personnes.

La négociation comme compétence clé de l'entreprise

Malheureusement, peu d'entreprises mettent en œuvre l'amélioration continue pour leurs négociations. Elles ne considèrent pas non plus systématiquement leurs activités de négociation comme un savoir-faire essentiel. Au contraire, elles adoptent un point de vue situationnel, considérant chaque négociation comme un événement distinct, avec ses propres objectifs, participants et mesures de performance. Par conséquent, elles ne parviennent pas à acquérir un savoir pour un usage futur. En envisageant la négociation comme une activité ponctuelle et non comme une compétence clé de l'entreprise, elles ne s'améliorent jamais dans ce domaine – et elles le paient souvent cher à la table des négociations.

Pour que votre entreprise améliore ses compétences globales en négociation et en fasse un savoir-faire essentiel, appuyez-vous sur les recommandations suivantes :

> formez les négociateurs et fournissez-leur des outils de préparation ;

> explicitez les objectifs et attentes de votre entreprise pour tout accord ; précisez également à quel moment les négociateurs devraient se retirer ;

> exigez que chaque équipe de négociation définisse une meilleure solution de repli (MESORE) et cherche à la consolider ;

> créez des outils permettant de tirer et de réutiliser les leçons apprises des négociations précédentes ;

> mettez en place des mesures de performance des négociations, desquelles dépendront les récompenses.

Étudions à présent chacune de ces mesures plus en détail.

Formez les négociateurs et fournissez-leur des outils

Dans son article « Faire de la négociation une compétence d'entreprise », Danny Ertel décrit comment une banque mexicaine, Serfin, a dû renégocier de nombreux prêts à la suite de la dévaluation du peso en 1994 :

> *« Désireuse d'améliorer son processus de négociation, la banque a décidé d'adopter une nouvelle stratégie. Elle souhaitait standardiser et codifier son processus de négociation, imposer quelques contrôles managériaux et modifier la culture pro-concessions des négociateurs. En résumé, elle voulait bâtir une infrastructure à l'échelle de l'entreprise pour les négociations[1]. »*
>
> *Serfin a lancé tout d'abord un programme de formation qui confrontait ses négociateurs à des situations réelles. Ensuite, elle a donné à ses négociateurs « formés » les outils techniques dont ils auraient besoin sur le terrain et qui leur seraient utiles lors de la phase de préparation. Enfin, la banque a créé une passerelle entre ses négociateurs et ses analystes, qui étaient chargés, pour chaque cas particulier, d'étudier les intérêts de la banque et de l'emprunteur, de définir la MESORE de la banque et de concevoir des solutions créatives.*

Les entreprises qui, à l'image de cette banque, souhaitent développer leurs compétences en négociation peuvent fournir des check-lists de préparation et les enseignements tirés des expériences de négociation précédentes. Elles peuvent aussi aider les débutants à gagner en expérience par le biais du tutorat. Les apprentis négociateurs, qui accompagnent des négociateurs plus expérimentés, participent à de véritables débats et développent un sens des réalités. Ce « sens » est un élément important de l'art de la négociation. Les bons négociateurs savent d'expérience distinguer les menaces et les opportunités dans un amas de futilités. Le tutorat offre aux débutants l'occasion de développer cette qualité, sans que ne pèse sur eux le risque de commettre des erreurs. Ils peuvent également acquérir ces compétences grâce à l'utilisation d'études de cas et de simulations.

Les bons négociateurs savent d'expérience distinguer les menaces et les opportunités dans un amas de futilités

Explicitez les objectifs et les attentes

Quand les négociateurs doivent négocier avec une partie extérieure à l'entreprise, ils ne devraient pas avoir à deviner les objectifs et les attentes de leur société. La direction devrait leur donner une orientation claire. Par exemple, si la direction cherche à accroître sa marge bénéficiaire, mais ne parvient pas à communiquer efficacement

---

1 ERTEL Danny, « Faire de la négociation une compétence d'entreprise », in *Harvard Business Review* – Négociation et Résolution de conflits, Paris, Éditions d'Organisation, 2001.

cet objectif, sa force de vente sur le terrain peut réduire les prix afin de conquérir de nouveaux clients – exactement le contraire de ce que souhaite la direction. La solution est que la direction exprime clairement ses attentes et explique à ses négociateurs à quel moment elle souhaite qu'ils se retirent des débats. Les objectifs d'une négociation doivent être en accord avec ceux de l'entreprise et il faut encourager le négociateur à les servir par un système de primes incitatives adéquat.

Les objectifs d'une négociation doivent être en accord avec ceux de l'entreprise

Exigez que chaque négociateur connaisse sa MESORE

Nous avons évoqué tout au long de ce livre le concept de meilleure solution de repli. Lorsqu'une partie a une MESORE solide par rapport à l'autre, cela lui confère un pouvoir de négociation. De plus, la MESORE indique aux négociateurs quand il est judicieux de se retirer.

Les entreprises devraient exiger que leurs représentants aient une idée précise de leur MESORE et qu'ils aient cherché à la renforcer.

Apprenez de chaque négociation et réutilisez ce savoir

L'idée d'acquérir de l'expérience et de la réutiliser dans des situations futures analogues est un aspect essentiel de la discipline à présent populaire de la gestion des connaissances. Les sociétés de conseils, les cabinets comptables et fiscaux ainsi que d'autres entreprises de la connaissance ont été des pionniers dans la gestion des connaissances, et ce pour des raisons très pratiques. Apprendre à resoudre un problème épineux ou à appliquer une clause ambiguë du Code général des impôts demande souvent du temps, de l'argent et peut être source d'erreurs. L'acquisition et la réutilisation de connaissances permettent à ces entreprises d'éviter de réinventer la roue. Par exemple, une comptable fiscaliste située à Marseille ne sait pas comment gérer la transaction financière d'un producteur de cinéma. Une recherche dans la base de données de son entreprise lui indique comment des collègues du bureau de Paris ont traité avec succès le même type de transaction. Le dossier comprend également un avis emanant du Trésor public. Dans cet exemple, l'acquisition et la réutilisation de connaissances améliorent à la fois la productivité et la qualité du service.

On peut obtenir un résultat similaire lorsque les entreprises consignent méthodiquement les issues des négociations. Comme le relate Danny Ertel, une grande entreprise de services aux professionnels développe une base de données commune qui permet de renseigner les chefs de projet sur les périmètres et prix des accords négociés et de les aider à se préparer : « Désormais, chaque fois qu'un manager négocie avec un client, on attend de lui qu'il réponde à un court questionnaire sur les méthodes employées, les résultats obtenus et les leçons apprises[2]. » Les comptes rendus sont saisis dans une base de données et mis à disposition des autres chefs de projet, qui pourront les consulter lorsqu'ils prépareront une négociation avec un client.

Mettez en place des mesures de performance et un système de récompenses

Vous avez sans doute déjà entendu dire que les entreprises n'ont que ce qu'elles évaluent et récompensent. Ainsi, quand elles fondent leurs primes de vente sur le chiffre d'affaires plutôt que sur les bénéfices d'exploitation, la force de vente a toutes les raisons d'utiliser des offres de service coûteuses et d'autres outils d'incitation pour démarcher de nouveaux clients – dont beaucoup ne sont pas rentables. Cela vaut aussi pour les négociateurs. Lorsque les entreprises récompensent leurs négociateurs pour avoir mis la pression sur les fournisseurs afin d'obtenir le prix le plus bas possible, elles profitent de gains à court terme et mettent à mal leurs relations. Leurs négociateurs ne tiennent pas compte des possibilités d'accord gagnant gagnant, au profit du jeu à somme nulle. Quant aux fournisseurs, ils ont toutes les raisons de leur faire faux bond dès qu'ils trouveront de meilleurs partenaires. Si vous modifiez le système d'évaluation et de récompenses, vous obtiendrez des résultats différents.

Ainsi, la direction peut faire converger ses objectifs et sa méthode pour évaluer et récompenser les négociateurs. Danny Ertel a donné, dans un article de la *Harvard Business Review*, l'exemple de mesures employées par un bureau d'études d'architecture (voir tableau 10.1). Ce cabinet était moins intéressé par le fait d'avoir des commandes à des tarifs très élevés que par celui de développer une gamme plus large de valeurs financières et relationnelles. La direction a utilisé ces mesures pour évaluer les résultats des accords et la performance des négociateurs ; les collaborateurs avaient recours à ces mêmes critères pour préparer les négociations à venir.

Si vous modifiez le système d'évaluation et de récompenses, vous obtiendrez des résultats différents

2 *Ibid.*

Tableau 10.1

UNE LARGE GAMME DE MESURES POUR ÉVALUER LE SUCCÈS DES NÉGOCIATIONS

Relation	La négociation a-t-elle permis de bâtir le type de relation qui nous permettra à nous et à notre client de collaborer efficacement pendant le cycle de vie du projet ?
Communication	Ces négociations permettent-elles de créer un climat dans lequel les deux parties peuvent se livrer à des débats constructifs et résoudre les problèmes ?
Intérêts	L'accord satisfait-il correctement nos intérêts, tout en servant ceux de notre client à un niveau acceptable et ceux de tierces parties concernées à un niveau au moins tolérable ?
Options	Avons-nous recherché des solutions innovantes et efficaces en vue de gains communs ?
Légitimité	Nous sommes-nous appuyés sur des critères objectifs pour évaluer et choisir une solution qui peut être soutenue par les deux parties ?
MESORE	Avons-nous comparé l'accord proposé à notre meilleure solution de repli ? Sommes-nous convaincus que l'accord satisfait davantage nos intérêts que notre meilleure solution de repli ?
Engagement	Avons-nous défini des engagements bien planifiés et réalistes que les deux parties comprennent et sont prêtes à mettre en œuvre ?

(Source : Adapté de Danny ERTEL, « Faire de la négociation une compétence d'entreprise », in *Harvard Business Review – Négociation et Résolution de conflits*, Paris, Éditions d'Organisation, 2001.)

Au regard de ce tableau, interrogez-vous sur les mesures mises en œuvre par votre entreprise pour évaluer et préparer les négociations :

- Pouvez-vous déjà identifier les mesures employées par votre entreprise ?
- Sont-elles suffisamment larges ?
- Permettent-elles de corréler le comportement des négociateurs et les objectifs de l'entreprise ?
- Servent-elles de base pour les récompenses ?

Si vous avez répondu non à l'une de ces questions, pensez à revoir vos mesures actuelles.

Qu'est-ce qui distingue un négociateur performant ?

La compétence de l'entreprise est en réalité la somme des compétences de ses membres

Jusque-là, tout ce que nous avons étudié dans ce chapitre concernait l'amélioration des compétences en négociation au niveau de l'entreprise. Mais nous n'avons pas évoqué les qualités d'un négociateur efficace. Or, les deux vont de pair. La compétence de l'entreprise est en réalité la somme des compétences de ses membres, dont vous faites partie.

Pour clore ce chapitre (et ce livre), il convient de nous demander ce qui caractérise un négociateur performant. La réponse correspond non seulement aux objectifs que la direction devrait poursuivre pour développer ces compétences à l'échelle de l'entreprise, mais aussi à ce que vous devriez viser pour développer votre propre panel de compétences.

Les qualités qui font qu'un négociateur est efficace sont inspirées des sujets abordés dans les chapitres précédents. Un négociateur performant sait :

> **Faire coïncider les objectifs de la négociation avec ceux de l'entreprise.** Il négocie en prenant en compte les objectifs stratégiques de l'entreprise. Cela n'est possible que si ces objectifs sont clairs. La direction a la responsabilité de les communiquer à tout le monde, depuis les bureaux de la direction à la salle du courrier – y compris bien sûr à ceux qui négocient en son nom. Cela est la meilleure garantie contre une divergence entre les objectifs et le comportement des collaborateurs – et l'issue des négociations.

> **Se préparer sérieusement et exploiter chaque phase de négociation pour renforcer sa préparation.** Dans les entreprises efficaces, on arrive à une réunion avec des arguments et des propositions que l'on a préparés. Cela ne s'improvise pas. Ceux qui négocient – pour eux, leur service ou leur entreprise – doivent être tout aussi préparés.

> **Chercher, au cours des débats, à en savoir plus sur les enjeux, la MESORE et le prix de réserve de l'autre partie.** À l'instar des joueurs de cartes, les négociateurs doivent souvent opérer dans le brouillard et l'incertitude. L'avantage revient généralement aux parties qui, grâce à la préparation et au dialogue, rassemblent les informations leur permettant de dissiper ce brouillard. On connaît en général sa MESORE et son prix de réserve et on peut souvent découvrir ceux de l'autre partie en établissant un dialogue efficace et en menant un travail de détective à l'écart de la table des négociations.

> **Faire preuve d'ingéniosité pour déterminer les intérêts des deux parties et de créativité pour imaginer des solutions de création de valeur qui font naître des situations gagnant gagnant.** Alors que son interlocuteur considère la négociation comme un jeu à somme nulle, un très bon négociateur peut inverser cette tendance. Il peut faire comprendre à l'autre partie l'intérêt de partager des informations et d'élargir l'éventail des possibilités de valeur.

> **Distinguer les problèmes de personnes des enjeux de la négociation.** Le négociateur accompli sait que rien ne le concerne personnellement, ni ne concerne les protagonistes assis autour de la table. Il fait preuve d'un détachement objectif et cherche uniquement à obtenir le meilleur résultat possible.

> **Repérer les obstacles éventuels à un accord.** Ceux-ci ne sont pas toujours évidents. Un négociateur compétent les débusque et trouve des solutions pour les déjouer.

> **Former des coalitions.** Tous les négociateurs n'ont pas en main des cartes maîtresses. L'autre partie a souvent plus de pouvoir de négociation. Cependant, un bon négociateur sait qu'une coalition composée de plusieurs joueurs faibles peut souvent contrer ce pouvoir. Plus important encore, il sait comment former une telle coalition reposant sur des intérêts communs.

> **Se forger une réputation de personne fiable et digne de confiance.** Les négociations les plus efficaces sont bâties sur la confiance. Si elle est instaurée lors d'une phase des négociations, cela porte ses fruits lors de la suivante. Les bons négociateurs adoptent un comportement éthique. Ils honorent leurs engagements.

Grâce à la formation et à la pratique, vous pouvez acquérir ces qualités et devenir un négociateur performant.

L'ESSENTIEL

C'est une chose d'enrichir ses compétences en négociation à titre individuel. C'en est une autre que de développer le savoir-faire en matière de négociation de l'organisation tout entière. Cela peut être très fructueux. Ce chapitre a étudié ce défi sous plusieurs angles :

★ Le concept d'amélioration continue permet d'accroître l'efficacité des compétences internes d'une entreprise et d'améliorer par conséquent les résultats financiers. Ce concept peut être appliqué au processus de négociation.

★ La première phase de l'amélioration continue des négociations est de considérer la négociation comme un processus composé d'étapes relativement universelles : la prénégociation, la préparation, les négociations, l'accord ou le désaccord, le bilan et l'acquisition de connaissances. Cette dernière sert de guide pour les négociations à venir. La seconde phase consiste à s'organiser afin d'acquérir des connaissances pendant le déroulement même du processus et à la fin de celui-ci.

★ Une entreprise peut améliorer ses compétences globales en négociation et en faire un savoir-faire central. Pour ce faire, il vous faut former et préparer les négociateurs ; expliciter les objectifs et attentes de votre entreprise pour chaque accord et préciser le point de retrait des négociateurs ; enjoindre chaque équipe de négociation à définir une MESORE et à chercher à l'améliorer ; développer des outils pour tirer les leçons apprises d'une négociation et les mettre à profit lors des suivantes ; enfin, mettre en place une évaluation des performances de négociation et un système de récompense connexe.

La compétence de l'entreprise correspondant à la somme des compétences de ses membres, ce chapitre s'achève sur les qualités des négociateurs performants. Ces qualités devraient constituer les objectifs de la direction pour développer ces compétences au niveau de l'entreprise. Un négociateur performant sait :

★ Faire coïncider les objectifs de la négociation avec ceux de l'entreprise.

★ Se préparer minutieusement et se servir de chaque phase de la négociation pour affiner sa préparation.

★ S'appuyer sur les débats pour en savoir plus sur les enjeux, la MESORE et le prix de réserve de l'autre partie.

★ Faire preuve d'ingéniosité pour identifier les intérêts des deux parties et de créativité pour concevoir des solutions créant de la valeur à l'origine de situations gagnant gagnant.

★ Distinguer les problèmes personnels des enjeux de la négociation.

★ Repérer les obstacles éventuels à un accord.

★ Former des coalitions.

★ Se forger une réputation de personne fiable et digne de confiance.

Annexes

Outils pratiques de mise en application

Ces annexes vous proposent plusieurs fiches pour vous aider lors de la préparation et des phases de négociation. Ces fiches ainsi que d'autres outils sont disponibles en anglais sur le site Internet de Harvard Business Essentials : www.elearning.hbsp.org/businesstools.

1. Préparez-vous pour une négociation. Utilisez cette fiche pour suivre les résultats de chaque étape de la préparation d'une négociation (entourez le « oui » une fois que tous les points d'une section ont été envisagés).

2. Identifiez votre MESORE. Complétez cette fiche pour déterminer votre meilleure solution de repli (MESORE) et la consolider.

3. Définissez votre prix de réserve. Il s'agit de votre point de retrait. Cette fiche vous permettra d'étudier les variables qui peuvent avoir une incidence sur votre prix de réserve.

4. Évaluez la position et les intérêts de l'autre partie. Que savez-vous de l'autre partie ? Quelle est sa MESORE ? Quel est le point le moins favorable où elle acceptera le marché (son prix de réserve) ? Quels sont ses intérêts sous-jacents ? Grâce à cette fiche, vous pourrez synthétiser tout ce que vous savez sur la partie adverse. Étudiez ces informations pour les sujets de négociation clés.

5. Déterminez où se situent votre autorité et la leur. Utilisez cette fiche pour définir le niveau d'autorité dont vous jouissez et celui de la ou des personnes avec qui vous négocierez, de façon à vous préparer en conséquence.

ANNEXE N° 1

PRÉPARENEZ-VOUS POUR UNE NÉGOCIATION

Avez-vous bien réfléchi à ce que serait une issue satisfaisante ?		**Oui**
Qu'espérez-vous atteindre avec cette négociation ?		
Quel serait le meilleur résultat ?		
Quelles issues ne seraient pas acceptables ?		
Pourquoi ne le seraient-elles pas ?		

Avez-vous évalué vos besoins et intérêts ?		**Oui**
Ce que vous devez avoir	**Ce que vous aimeriez avoir**	
1. 2. 3.	1. 2. 3.	

Avez-vous défini et renforcé (si possible) votre MESORE ?	**Oui**
Quelle est votre meilleure solution de repli ? *(Voir la fiche « Identifiez votre MESORE ».)* Comment pourriez-vous l'améliorer ?	

Avez- vous déterminé votre prix de réserve ? *(Voir la fiche « Définissez votre prix de réserve ».)*	**Oui**
Quel est-il ?	

Avez-vous évalué les compromis possibles sur certains points ou intérêts ?		**Oui**
Points auxquels vous tenez le plus ?	**Clauses auxquelles vous tenez le plus ?**	
1. 2. 3.	1. 2. 3.	

Avez-vous étudié les négociateurs, la MESORE et la position de l'autre partie ? *(Voir la fiche « Évaluez la position et les intérêts de l'autre partie ».)*	**Oui**
Les négociateurs de l'autre partie :	
Leur situation économique :	
Ce qu'ils attendent en particulier de cet accord :	
Avez-vous songé à la question de l'autorité ? *(Voir la fiche « Déterminez où se situent votre autorité et la leur ».)*	**Oui**
Quelle est votre analyse du degré d'autorité du ou des représentants de l'autre partie ?	
Quel genre d'accord êtes-vous autorisé à conclure ?	
Avez-vous rassemblé les critères objectifs et pertinents pour cette négociation ? *(Pour cet accord, quels critères et normes sont considérés comme « justes et légitimes » ?)*	**Oui**
Critères objectifs :	
Critères pertinents :	
Vous êtes-vous préparé à faire preuve de souplesse ? (Y a-t-il un lien entre les problèmes ? Si oui, lesquels ?)	**Oui**

(Source : HMM Negotiating.)

ANNEXE N° 2

IDENTIFIEZ VOTRE MESORE

1. Quelles sont vos meilleures solutions de repli ? Identifiez la meilleure d'entre elles.
Dressez la liste de vos solutions de repli dans le cas où la négociation n'aboutit pas à un accord.
1.
2.
3.
4.
Relisez cette liste. Laquelle de ces solutions serait la meilleure ?
2. Qu'est-ce qui permettrait d'améliorer votre MESORE ? Vous pourriez vous demander si :
Vous pouvez conclure de meilleurs accords avec d'autres fournisseurs/partenaires/clients ?
Une contrainte qui rend votre MESORE actuelle insatisfaisante pourrait être supprimée ou modifiée d'une manière ou d'une autre ? Laquelle ? Comment ?
Vous pouvez changer les termes que vous proposez à la table des négociations afin de consolider votre MESORE ? Lesquels ? Comment ?
3. Si vous parvenez à l'améliorer, décrivez votre « nouvelle » MESORE.

(Source : HMM Negotiating.)

ANNEXE Nº 3

DÉFINISSEZ VOTRE PRIX DE RÉSERVE

1. Envisagez les variables qui ont une incidence sur votre prix de réserve (ou point de retrait).
Quelle est la valeur à vos yeux de l'accord sur la table ?
Que vaut-il par rapport à votre MESORE ?
Quelles autres valeurs ou parties prenantes doivent être prises en compte ?
Si l'argent est une composante de la négociation, quelle est la somme la plus basse que vous puissiez accepter ?
Quelles sont les conditions non financières minimales que vous envisageriez ?
2. Interrogez-vous sur les compromis possibles sur certains points et intérêts.
Quel(s) point(s) ou condition(s) vous importent le plus ?
Ont-ils un quelconque lien ? *(Autrement dit, est-ce qu'une plus grande ou une plus petite part d'un point auquel vous tenez vous donne plus ou moins de souplesse sur d'autres ?)*
Combien de ce que vous voulez sur un point ou une condition seriez-vous prêt à sacrifier pour un autre ?
Des propositions de loto différentes auraient-elles le même intérêt pour vous ?
3. Explicitez les paramètres de votre prix de réserve. *(Les termes ou le prix décrits vous permettent d'évaluer les propositions alternatives.)*

(Source : HMM Negotiating.)

ANNEXE Nº 4

ÉVALUEZ LA POSITION ET LES INTÉRÊTS DE L'AUTRE PARTIE

Afin d'en savoir le plus possible sur les intérêts et préoccupations de l'autre partie…	**OUI**	**NON**
1. Avez-vous contacté des connaissances au sein du secteur d'activité en question?		
2. Avez-vous consulté des publications professionnelles potentiellement pertinentes?		
3. Avez-vous lu les rapports annuels de son entreprise (ou des documents publics)?		
4. Avez-vous interrogé de manière informelle le négociateur ou d'autres personnes de la société?		
5. Avez-vous imaginé quels seraient vos intérêts, préférences et besoins si vous étiez à sa place?		

Évaluez la MESORE de l'autre partie :
Que savez-vous sur sa situation économique?
Quel est l'état de ses performances financières?
Quelle est sa stratégie?
Quels sont les projets clés de son entreprise?
À quelles pressions venant de la concurrence est-elle confrontée?
Quelle est la valeur de cet accord à ses yeux?
À quel point cet accord est-il important pour l'autre partie en ce moment?
Lui est-il nécessaire de satisfaire un objectif plus grand? *(Décrivez cet objectif.)*
A-t-elle un accord de substitution?
Votre offre est-elle facile à trouver ailleurs?
Peut-elle être obtenue à temps pour satisfaire les échéances de l'autre partie?
A-t-elle déjà reçu une offre d'autres personnes ou initié des négociations informelles avec quelqu'un d'autre?

Interrogez-vous sur les termes que l'autre partie aimerait trouver dans l'accord.
Quels objectifs économiques plus larges aimerait-elle satisfaire par cet accord?
Quels termes de cet accord pourraient entraver la croissance économique de son entreprise?
Quels termes qui bénéficieraient à l'autre partie (à un moindre coût pour vous) pourriez-vous proposer?

(Source : HMM Negotiating.)

ANNEXE N° 5

DÉTERMINEZ VOTRE AUTORITÉ ET LA LEUR

Leur autorité : *(Renseignez-vous autant que possible sur les personnes de l'autre partie.)*
1. Qui sera à la table des négociations ?
2. Quels sont les titres officiels et les domaines de responsabilités de la ou des personnes avec qui vous négocieriez ?
3. Quel âge ont-elles ?/Depuis combien de temps sont-elles dans l'entreprise ?/ Quelles autres expériences intéressantes possèdent-elles ?
4. Quelle est l'organisation de leur entreprise ? (*Est-elle hiérarchique, avec les décideurs importants concentrés au sommet, ou est-elle plus ou moins décentralisée ?)*
5. Comment sont perçus les négociateurs au sein de l'entreprise ? *(Sont-ils ou non de manière générale respectés et écoutés ? Faites, si possible, appel à des contacts en dehors de l'entreprise.)*
6. Quels sont leurs intérêts en dehors du travail ? *(Par exemple, sport, passe-temps, activités bénévoles, engagement politique, enfants…)*
Votre autorité : *(Donnez le maximum de détails possible.)*
Quel genre d'accord êtes-vous autorisé à conclure ? *(Décrivez-le.)*
Uniquement un accord prédéfini pour lequel l'approbation du comité a été obtenue ? *(Si oui, décrivez-le. Si, en plus de cet accord prédéfini, vous pouvez aussi négocier quelque chose de « mieux », qu'est-ce que le comité considère être « mieux » ?*
Uniquement un accord qui sert certains objectifs ? *(Quels sont ces objectifs ? Êtes-vous autorisé à structurer l'accord de la meilleure façon que vous pouvez ?)*
Le comité préférerait-il que vous le consultiez pour étudier l'accord et vous donner son approbation ?
Votre autorité est-elle limitée en matière de budget, mais non pour imaginer des solutions créatives ayant peu de conséquences financières ?
Êtes-vous autorisé à fournir des informations sur les besoins, intérêts et préférences de votre entreprise si l'autre partie amorce une relation de bonne foi et réciproque ?

(Source : HMM Negotiating.)

Glossaire

ACCORD PRÉCAIRE : Accord qui, en raison du manque de confiance entre les parties négociantes, est édulcoré ou plus limité et moins solide qu'il ne le serait autrement.

ANCRAGE : Tentative d'établir un point de départ à partir duquel les négociations évolueront.

ASYMÉTRIE D'INFORMATION : Situation dans laquelle une partie dispose de plus d'informations qu'une autre.

BLUFF : Tactique de négociation qui consiste pour une partie à indiquer qu'elle peut être disposée à faire ou à accepter quelque chose, alors qu'elle n'en a pas réellement l'intention. Par exemple, un locataire peut bluffer en disant qu'il ne renouvellera pas son bail à moins que certaines améliorations soient apportées à son local de bureaux.

COALITION NATURELLE : Groupe d'alliés qui ont un grand nombre d'intérêts en commun.

COALITION OPPORTUNISTE : Groupe dont les membres peuvent ne pas s'entendre sur certains sujets, mais s'unissent néanmoins (bien que souvent pour des raisons différentes) afin de soutenir ou de contrecarrer une question en particulier.

COMPROMIS : Tactique qui consiste à substituer une chose à une autre ou à marchander une chose contre une autre. Elle est souvent utilisée dans les négociations commerciales.

DILEMME DU NÉGOCIATEUR : Tension provoquée par la volonté du négociateur d'équilibrer les stratégies concurrentielles, c'est-à-dire qu'il essaie de repérer quand il doit se montrer intransigeant (en cas de conflits d'intérêts) et quand il doit chercher à créer de la valeur grâce à des échanges d'informations afin de trouver des solutions mutuellement avantageuses.

GAGNANT GAGNANT : Voir « Négociation coopérative ».

INTÉRÊTS : Objectifs qui sous-tendent la position d'une partie dans une négociation.

MALÉDICTION DU VAINQUEUR : Conviction tenace, après qu'un accord a été trouvé, qu'un accord encore plus favorable aurait pu être négocié.

MANDATAIRE : Personne chargée de représenter les intérêts d'un autre dans les négociations avec un tiers.

MARGE DE MANŒUVRE : Souplesse possible dans une offre donnée, que cela concerne l'argent ou les délais. Si vous n'avez pas de marge de manœuvre, vous devriez exprimer fermement que votre offre est la meilleure que vous puissiez faire.

MESORE : Acronyme de « meilleure solution de repli ». Connaître sa MESORE, c'est savoir ce que vous ferez ou ce qui arrivera si vous ne parvenez pas à un accord dans la négociation en cours.

NÉGOCIATEUR INTRAITABLE : Personne pour qui chaque négociation est une bataille.

NÉGOCIATION À PHASES MULTIPLES : Négociations qui se déroulent en plusieurs phases, ou qui donnent la perspective de nouvelles relations à venir. Le contexte des négociations permet aux parties de négocier en s'appuyant sur le suivi et la communication permanente.

NÉGOCIATION À SOMME NULLE : Voir « Négociation conflictuelle ».

NÉGOCIATION CONFLICTUELLE : Type de négociation dans lequel les parties se disputent la répartition d'une quantité fixe de valeur. Ainsi, chaque gain réalisé par l'une des parties constitue une perte pour l'autre. On l'appelle communément la négociation à somme nulle ou gagnant perdant.

NÉGOCIATION COOPÉRATIVE : Type de négociation dans lequel les parties coopèrent pour obtenir chacune d'un accord le maximum de bénéfices. On le rencontre souvent dans les partenariats de long terme et les collaborations entre collègues. Il est aussi communément appelé « négociation gagnant gagnant ».

NÉGOCIATION MULTIPARTITE : Négociation qui implique plus de deux parties. Elle peut être très différente d'une négociation bipartite, notamment lorsque les différentes parties forment des coalitions (alliances entre des parties qui jouissent de moins de pouvoir individuellement que collectivement).

OFFRE LIMITÉE DANS LE TEMPS : Offre avec une date d'expiration.

PARTI PRIS : Phénomène psychologique d'après lequel les personnes perçoivent la réalité avec partialité ou subjectivité. Par exemple, les deux équipes d'un match de football peuvent avoir le sentiment que l'arbitre était injuste envers chacune d'elles.

PENSÉE DE GROUPE : Mode de pensée adopté par les membres d'un groupe uni. La pensée de groupe recherche le consensus et tend à saper les tentatives d'évaluation réaliste des actions alternatives.

PERDANT GAGNANT : Voir « Négociation conflictuelle ».

POINT DE RETRAIT : Voir « Prix de réserve ».

POSITION : Ce que les parties prenant part à une négociation demandent ; autrement dit, leurs exigences.

PRIX DE RÉSERVE : Point le moins favorable où une partie acceptera de passer un accord. Bien que ce soit généralement deux choses différentes, le prix de réserve est inspiré de la MESORE. On l'appelle également le « point de retrait ».

PROCESSUS : Activités qui transforment des contributions en des résultats de plus grande valeur.

STRATÉGIE : Plan préparé par un négociateur pour mener une négociation, qui prend notamment en compte ce qu'il offrira et demandera (donner et recevoir).

SURENCHÈRE IRRATIONNELLE : Selon Max Bazerman et Margaret Neale, dépasser le seuil fixé et poursuivre les enchères au-delà de ce que recommanderait l'analyse rationnelle.

TACTIQUES : Méthodes particulières pour mettre en œuvre une stratégie.

TRANSPARENCE SUR LE RESPECT DE L'ACCORD : Capacité à contrôler depuis l'extérieur que les termes d'un accord soient honorés.

ZAP : Acronyme de « zone d'accord possible ». C'est la zone dans laquelle un accord peut être éventuellement conclu. Le prix de réserve de chaque partie détermine une extrémité de la ZAP. S'il y en a une, la ZAP se situe entre le prix de réserve de chaque partie.

Bibliographie

Articles

> **CONGER Jay**, « The Necessary Art of Persuasion », *Harvard Business Review* (OnPoint Enhanced Edition), Boston, Harvard Business School Publishing, 2000. La persuasion est un aspect majeur de toute négociation. Cet article explique les quatre principes fondamentaux de la persuasion : établir la crédibilité ; trouver un terrain d'entente ; fournir des preuves claires de sa position et, enfin, créer un lien émotionnel avec ses interlocuteurs.

> **ERTEL Danny**, « Turning Negotiation into a Corporate Capability », *Harvard Business Review* (OnPoint Enhanced Edition), Boston, Harvard Business School Publishing, 2000 ; trad. française « Faire de la négociation une compétence d'entreprise », in *Harvard Business Review – Négociation et Résolution de conflits*, Paris, Éditions d'Organisation, 2001. De nos jours, chaque entreprise se trouve au sein d'un tissu complexe de relations nouées, une à une, via les négociations. Les contrats d'achat et d'externalisation sont négociés avec des fournisseurs ; les contrats de marketing avec des grossistes ; les accords de développement de produit avec des partenaires de joint-venture… Au total, les milliers de négociations auxquelles se livre une entreprise ont une énorme incidence sur sa stratégie comme sur ses résultats. Mais peu d'entreprises considèrent toutes leurs activités de négociation comme un ensemble. Au contraire, elles adoptent un point de vue situationnel, percevant chaque négociation comme un événement distinct, avec ses propres objectifs, tactiques et mesures de performance. Toutes les coordonner semble être une tâche insurmontable et irréalisable. Faux, déclare Danny Ertel. Il propose quatre modifications majeures de pratique et de point de vue qui, au final, permettent aux entreprises d'instaurer des relations plus étroites et plus créatives avec leurs fournisseurs, clients et autres partenaires.

> **Harvard Business School Publishing**, « How to Get What You Want », *Harvard Management Communication Letter*, mars 2000. Comment maximiser vos chances pendant les négociations ? Commencez par vous demander comment

vous pourriez aider votre concurrent ou lui nuire et comment il peut en faire de même avec vous. Posez-vous ces trois questions : Que voulez-vous ? Pourquoi votre concurrent devrait-il négocier avec vous ? Quelles sont vos autres solutions ? Cet article prodigue des conseils et répertorie les erreurs à éviter lors des négociations.

> **KOLB Deborah et WILLIAMS Judith**, « Breakthrough Bargaining », *Harvard Business Review* (OnPoint Enhanced Edition), Boston, Harvard Business School Publishing, 2001. Des aspects implicites et subtils du processus de négociation (la « négociation dans l'ombre ») peuvent avoir une répercussion sur les débats. Les auteurs proposent trois stratégies pour mener à bien ses négociations : premièrement, les évolutions de pouvoir indiquent à l'autre partie que c'est dans son intérêt de négocier avec vous ; deuxièmement, les évolutions de processus influencent la vision des autres sur la négociation et, enfin, les évolutions de sympathie modifient le ton de l'interaction afin d'instaurer un échange plus collaboratif entre les parties.

> **SEBENIUS James**, « Six Habits of Merely Effective Negotiators », *Harvard Business Review* (OnPoint Enhanced Edition), Boston, Harvard Business School Publishing, 2002. Même les négociateurs expérimentés peuvent ne pas être à l'abri des six erreurs bien trop fréquentes qui empêchent de résoudre correctement le problème négocié : négliger le problème de l'autre partie ; laisser le prix éclipser les autres intérêts ; laisser les positions éclipser les intérêts ; vouloir trouver à tout prix un terrain d'entente ; négliger les autres solutions possibles ; ne pas parvenir à corriger un point de vue partial. En s'appuyant sur le travail de cinquante années de recherches et d'analyses, l'auteur confronte les bonnes et mauvaises pratiques de négociation.

> **SHELL Richard**, « When Is It Legal to Lie in Negotiations? », *Sloan Management Review*, 32, n° 3, printemps 1991. Cet article court et clair expose le cadre juridique et explique quand et pourquoi mentir pendant les négociations peut poser des problèmes. À partir d'exemples, il aiguille ceux qui ont du mal à faire la distinction, parfois floue, entre le mensonge, le bluff, le baratin et la dissimulation d'informations.

> **WILLIAMS Monci**, « Don't Avoid Conflicts–Manage Them », *Harvard Management Update*, juillet 1997. Quelle que soit notre position hiérarchique dans une entreprise, la majorité d'entre nous pensent que c'est indiqué et donc préférable d'éviter les conflits. Cependant, les recherches indiquent que cela peut empêcher les managers d'atteindre leurs objectifs. Pour bien gérer un conflit, vous

devez comprendre la différence entre la position et les besoins sous-jacents. Vous devriez aussi comprendre la position de l'autre partie avant d'affirmer la vôtre. En vous concentrant sur les intérêts communs et en connaissant vos « points clés », vos partenaires et vous pouvez arriver, malgré le conflit, à une solution optimale plutôt qu'à un simple compromis.

Livres

> **BAZERMAN Max et NEALE Margaret**, *Negotiating Rationally*, New York, Free Press, 1992. Les universitaires Bazerman et Neale envisagent la théorie et la pratique de la négociation du point de vue de la psychologie. Leur principal conseil est très proche de ceux donnés dans *Comment réussir une négociation* et *Les Gestionnaires et la Négociation* (voir ci-après), mais ils ont l'originalité d'apporter des explications et concepts issus de la recherche en psychologie et des ouvrages dans ce domaine.

> **CAMP Jim**, *Start with No*, New York, Crown, 2002. Il s'agit d'une approche anticonformiste des problèmes de négociation personnelle et d'affaires. La critique de l'auteur de la mentalité conventionnelle « gagnant gagnant », préconisée par de nombreux auteurs et consultants, est tout particulièrement intéressante. Camp avance que cette mentalité débouche sur des issues perdant gagnant.

> **FISHER Roger**, **URY William** et **PATTON Bruce**, *Getting to Yes: Negotiating Agreement Without Giving In*, 2e éd., New York, Penguin, 1991 ; trad. française *Comment réussir une négociation*, Paris, Seuil, 2006. L'édition originale de 1981 a eu un impact énorme sur toute la négociation, depuis la politique internationale aux écoles professionnelles et aux formations destinées aux managers. Ce livre lance une polémique entre la « négociation sur des positions » et la « négociation raisonnée ». Les auteurs recommandent une trame fondamentale pour la « négociation raisonnée », ou « négociation objective » : distinguer les personnes du problème ; se concentrer sur les intérêts et non sur les positions ; chercher des solutions de gain réciproque et exiger des critères objectifs.

> **Harvard Business School Publishing**, *Harvard Business Review on Negotiation and Conflict Resolution*, Boston, Harvard Business School Publishing, 1999 ; trad. française *Harvard Business Review – Négociation et Résolution de conflits*, Paris, Éditions d'Organisation, 2001. Ce recueil regroupe les meilleurs articles parus dans *Harvard Business Review* sur la pratique de la négociation et la gestion de conflits.

> **Harvard Business School Publishing**, *The Manager's Guide to Negotiation and Conflict Resolution*, Harvard Management Update Collection, Boston, Harvard Business School Publishing, 2000. L'un des problèmes les plus difficiles auquel sont confrontés au quotidien les managers est la négociation au sens le plus large. Qu'il s'agisse de négocier une augmentation, de faire la promotion d'un projet auprès de collègues ou, plus formellement, d'imaginer des solutions de collaboration avec d'autres entreprises, cette activité relationnelle essentielle est source chez beaucoup d'entre nous d'angoisse et de stress. Ce recueil d'articles expose plusieurs principes clés.

> **LAX David et SEBENIUS James**, *The Manager as Negotiator*, New York, Free Press, 1986 ; trad. québécoise *Les Gestionnaires et la Négociation*, Gaëtan Morin, 1998. Ce livre associe savamment recherches universitaires et pratique. Il aborde non seulement les bases que tout manager, avocat ou diplomate devrait connaître, mais aussi des situations de négociation qui intéresseront tout particulièrement les managers : négocier avec sa hiérarchie et au sein de son réseau, avec des entités internes et externes, etc.

> **MNOOKIN Robert, SUSSKIND Lawrence et FOSTER Pacey** (sous la dir. de), *Negotiating on Behalf of Others: Advice to Lawyers, Business Executives, Sports Agents, Diplomats, Politicians, and Everybody Else*, New York, Sage Publications, 1999. Cet ouvrage spécialisé et quelque peu universitaire permet de comprendre la complexité et les issues des négociations conduites par des mandataires. Les auteurs incluent dans cette catégorie les législateurs, les diplomates, les commerciaux, les agents sportifs, les avocats et les présidents de commission. Ce livre, dont chaque chapitre a été rédigé par des universitaires et spécialistes reconnus, étudie cinq domaines en détail : la gestion des relations de travail, la diplomatie internationale, les agents sportifs, le processus législatif et le droit concernant la représentation.

> **WATKINS Michael**, *Breakthrough Negotiations*, New York, John Wiley & Sons, 2002. Cet excellent ouvrage présente les principes applicables aux négociations d'affaires et les outils permettant d'obtenir les meilleurs résultats. La démarche de l'auteur pour analyser une situation, former des coalitions et des alliances stratégiques est particulièrement intéressante.

> **ZECHAUSER Richard**, **KEENEY Ralph** et **SEBENIUS James** (sous la dir. de), *Wise Choices: Decisions, Games, and Negotiations*, Boston, Harvard Business School Press, 1996. Des spécialistes de renommée en économie, en psychologie, en statistiques et en théorie de la décision s'intéressent à l'incertitude stratégique et

aux méthodes pour prendre une bonne décision. Les articles de ce recueil analysent des sujets tels que la prise de décision individuelle dans un contexte d'incertitude, les jeux de stratégie où les actions de l'un influent directement sur la satisfaction de l'autre et le processus de négociation d'un accord.

Autres sources

> FISHER Roger, URY William et PATTON Bruce, *Getting to Yes! Video Workshop on Negotiation*, Boston, Harvard Business School Publishing, 1991 (cassette vidéo). Cet atelier vidéo est la solution par défaut pour avoir Roger Fisher comme coach personnel ! Il donne vie au travail de Fisher et en facilite l'application à vos propres réalités. Une douzaine de saynètes expliquent très bien comment transformer des négociations conflictuelles en une discussion fructueuse qui permet de résoudre vos problèmes et ceux de votre interlocuteur. L'atelier vous délivre tous les outils nécessaires pour vous aider vous et votre manager à devenir d'excellents négociateurs. Sept petits films vous fournissent pas à pas les éléments clés d'une négociation réussie et vous invitent à un jeu de rôle.

> **Harvard Business School Publishing**, *Influencing and Motivating Others*, Boston, Harvard Business School Publishing, 2001 (programme en ligne). Avez-vous déjà remarqué que certaines personnes semblent avoir naturellement le don d'inciter les autres à agir ? Ce programme fournit des enseignements pratiques pour obtenir de meilleurs résultats de vos N – 1 (influer sur la performance), une coopération plus étroite avec vos collègues (leadership horizontal) et un soutien accru de votre N + 1 et de la direction (persuasion). Les managers seront initiés aux secrets du « leadership horizontal » (diriger ses pairs), acquerront des compétences en négociation et en persuasion et apprendront à distinguer les méthodes de motivation efficaces des non efficaces. Grâce à des exemples interactifs, à des conseils d'experts et à des activités permettant de mettre immédiatement les concepts en pratique, ce programme aide les managers à évaluer leur capacité à persuader efficacement les autres, à mesurer leurs compétences en motivation et à accroître la performance de leurs collaborateurs.

> **Harvard Business School Publishing**, *Yes! The Online Negotiator*, Boston, Harvard Business School Publishing, 2000 (programme en ligne). Reposant sur les techniques développées par l'expert en négociation de renommée mondiale,

Roger Fisher, ainsi que sur le Harvard Negotiation Project et détaillé dans le best-seller *Getting to Yes*, ce programme vous aide à élaborer des stratégies pour une négociation efficace et la résolution de conflits. Vous négocierez à l'aide de simulations réalistes, verrez les conséquences de vos choix et recevrez un feed-back ainsi que des conseils de Roger Fisher et d'autres experts. Ce programme propose trois scénarios interactifs : acheter une maison, acquérir une entreprise et réaliser une vente.

Index

Z

Présentation des auteurs

MICHAEL WATKINS

Professeur associé, Michael Watkins est chercheur en négociation et leadership. Il est l'auteur de plusieurs ouvrages remarqués dont *Right from the Start : Taking Charge in a new Leadership Role* et de T*aking charge in Your New leadership Role : A Workbook*. Ces deux ouvrages traitent de la prise de fonctions des leaders. Il a également coécrit *Winning the Influence Game: What Every Business Leader Should Know about Government* qui propose une analyse détaillée de l'impact du pouvoir dans les stratégies d'entreprises, ainsi que les outils et les techniques les plus efficaces pour influencer les hautes sphères du pouvoir. Son dernier ouvrage s'intitule *Your Next Move: The Leader's Guide to Navigating Major Career Transitions.*

RICHARD LUECKE

Richard Luecke a écrit plusieurs ouvrages de la collection « Harvard Business Essentials ». Résidant à Salem dans le Massachusetts et titulaire d'un MBA de l'université de Saint-Thomas, il a écrit plus de 30 ouvrages et des dizaines d'articles sur divers sujets de la vie professionnelle. Vous pouvez le contacter par e-mail à l'adresse richard.luecke@verizon.net.

Achevé d'imprimé en octobre 2010
par DGDH Luxembourg